*Zu diesem Buch*

Das Stillen klappt nicht, die Windeln sitzen falsch, der Besuch nervt, und die Nächte ohne Schlaf rauben die letzten Kräfte. So, als Abfolge von – wenn auch kleinen – Katastrophen erleben viele Mütter die ersten Wochen mit dem Baby. Da bleibt viel zuwenig Muße für die richtige Freude über das kleine Wesen.

Warum niesen Säuglinge so oft? Was bedeuten die roten Flecken am Po? Wie oft soll ein Baby gebadet werden? Muß es nach dem Stillen aufstoßen? Vitamin D – ja oder nein? Braucht das Kleine einen Schnuller? Hat das Schreien irgendwann ein Ende? Kann ich mein Baby verwöhnen? Diese und 150 weitere Fragen werden beantwortet von einer erfahrenen Hebamme und einer jungen Mutter mit zwei kleinen Kindern.

Dieser praktische Ratgeber mit vielen Tips und kurzen, präzisen Informationen ermöglicht den jungen Eltern mit seiner übersichtlichen Gliederung einen schnellen Zugriff auf alle Probleme während der ersten vier Wochen nach der Geburt.

BETTINA MÄHLER, Jg. 1961, ausgebildete Lehrerin, ist Redakteurin beim BuchJournal (z. Zt. im Erziehungsurlaub) und freie Journalistin. Sie ist verheiratet und hat zwei Söhne (Jonas, Jg. 1993, und Jakob, Jg. 1994). In der Rowohlt-Reihe «Mit Kindern leben» hat sie die Bücher «Geschwister» (rororo Nr. 9316) und – gemeinsam mit Heinrich Kreibich von der Stiftung Lesen – «Bücherwürmer und Leseratten. Wie Kinder Spaß am Lesen finden» veröffentlicht.

KARIN OSENBRÜGGE-KÜSTER, Jg. 1963, ist examinierte Hebamme, war von 1985 bis 1988 im Kreißsaal tätig und arbeitet seitdem als freie Hebamme. Sie ist verheiratet und hat zwei Töchter (Anne, Jg. 1985, und Lea, Jg. 1989).

Anregungen und Kritik bitte an folgende Adresse: Büro für wissenschaftliche Publizistik Dr. Horst Speichert, Teutonenstr. 32 b, 65187 Wiesbaden. Hier erhalten Sie auch gegen Voreinsendung eines als Standardbrief frankierten DIN-C6-quer-Umschlags einen Prospekt der Reihe «Mit Kindern leben».

Bettina Mähler /
Karin Osenbrügge

# Die ersten Wochen
# mit dem Baby

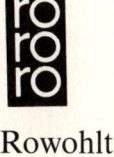

Rowohlt

rororo Mit Kindern leben
Herausgegeben von
Bernhard Schön und Horst Speichert

Umschlaggestaltung: Peter Wippermann/Jürgen Kaffer
(Foto: Pictor International Bildagentur)
Fotos: Bettina Mähler
Redaktion: Bernhard Schön

11.–13. Tausend Oktober 1996

Originalausgabe
Veröffentlicht im Rowohlt Taschenbuch Verlag GmbH,
Reinbek bei Hamburg, März 1995
Copyright © 1995 by Rowohlt Taschenbuch Verlag GmbH,
Reinbek bei Hamburg
Alle Rechte vorbehalten
Satz Times PostScript Linotype Library, QuarkXPress 3.3
FabriKate, Hamburg
Druck und Bindung Clausen & Bosse, Leck
Printed in Germany
1490-ISBN 3 499 19755 3

# Inhalt

# Vorwort

Wir sind zwei, eine Hebamme und eine Journalistin. Die Hebamme wurde in ihren Vorbereitungskursen und bei der Nachsorge ständig Dinge gefragt, die scheinbar nebensächlich sind, aber die den Müttern das neue Leben mit Kind schwermachen. «Was kann ich gegen Schluckauf tun?» z. B. oder «Wann ist ein Baby satt?» oder «Kann ein Säugling schon spielen?» Und sie wurde gefragt, ob es denn nicht ein Buch gebe, das all dies beantworte. «Nein», sagte die Hebamme, «das müßte erst geschrieben werden.»

Als die Hebamme bei der Journalistin nach einer ambulanten Geburt Hausbesuche machte, geschah dasselbe wie überall. Die Journalistin wollte all die scheinbaren Nebensächlichkeiten wissen, und auch, ob es ein entsprechendes Buch gebe. Als die Hebamme wie immer «nein» sagte, taten sich die beiden zusammen. So entstand dieses Buch.

Unser Anliegen ist es, Ihnen kurz und knapp die wichtigsten Fragen zu beantworten, die Sie in den ersten Wochen mit Ihrem Baby haben. Deshalb beginnt dieses Buch mit 150 Fragen und Verweisen, auf welchen Seiten Sie die gesuchten Informationen finden. Dort werden die Fragen in der Randspalte wiederholt und im Text fettgedruckt beantwortet. Bei komplexeren Antworten kann sich das Fettgedruckte manchmal über mehrere Seiten hinziehen, meist finden Sie den gesuchten Satz direkt neben der Frage. Besonders wichtige Hinweise bzw. Tips haben wir mit einem Ausrufezeichen am Rand versehen.

Sie können das Buch entweder von vorn bis hinten lesen oder es wie ein Lexikon benutzen und sich nur einzelne Antworten herauspicken.

Damit Sie wissen, was in den ersten Wochen auf Sie zukommt, haben wir das Buch zeitlich gegliedert. Nach einem Erfahrungsbericht zweier leicht verzweifelter Eltern informiert das erste Kapitel über das, was im Kreißsaal passiert. Das sollten Sie sich, wenn möglich, schon vor der Geburt durchlesen. Oder Sie schauen später nach, was genau mit Ihnen und Ihrem Baby gemacht wurde.

In Kapitel 2 folgt die Pflege, die Sie ja sofort nach der Entbindung beherrschen sollen, obwohl Sie vielleicht nur an einer Puppe geübt haben.

Mit dem Stillen beschäftigt sich Kapitel 3, und das läßt sich noch nicht einmal an einer Puppe ausprobieren. Die Flaschenernährung behandeln wir in Kapitel 4.

Ein großes Problem kann für viele Mütter und Väter der Schlaf ihres Babys (Kapitel 5) sein. Der ist zwar, neben dem Trinken, seine wichtigste Beschäftigung, aber er stellt sich gerade dann nicht ein, wenn wir selber unseren Schlaf besonders nötig hätten.

Säuglinge brauchen viel Nähe. Wer Babyphotos betrachtet, sieht die Kleinen immer auf irgendeinem Schoß oder Arm. Warum Babys solch ein Bedürfnis nach Kontakt haben und wie Sie es befriedigen können, davon handelt Kapitel 6.

Die Familienplage «Blähungen» (Kapitel 7) quält alle: Die Kleinen haben fürchterliche Bauchschmerzen, und die Großen brauchen gute Nerven. Unausgeschlafen stundenlange Schreiereien zu erdulden, überfordert auch die Geduldigsten. Glücklicherweise gibt es aber einige Mittel gegen Blähungen.

Neugeborene haben andere Wehwehchen als Erwachsene, und sie müssen anders behandelt werden. Von möglichen Krankheiten des Säuglings sowie den Vorsorgeuntersuchungen und Impfungen handelt Kapitel 8.

Kapitel 9 informiert über die medizinische Nachsorge der Mutter. Es geht z. B. um die Nachwehen und um Rückbildungsgymnastik. Und haben Sie schon einmal etwas von der Symphyse gehört?

Aber eine Geburt muß nicht nur physisch, sondern auch psychisch verarbeitet werden. Und das fällt vielen Frauen schwerer, als sie vorher meinen. Dazu haben wir die Psychologin des Frankfurter Frauengesundheitszentrums, Marion Jaedtka-Keller, befragt.

Und wer nach einigen Wochen ein bißchen mehr Zeit zum Lesen haben sollte, der findet im Anhang empfehlenswerte Bücher zu allen Themen rund ums Baby.

# Die 150 wichtigsten Fragen, die Eltern nach der Geburt haben

**Stillen**

### Das Fläschchen

**Schlafen**

# Die ersten Tage
# zu Hause mit dem Baby.
# Ein Tagebuch

Die Aufzeichnungen stammen von einer Mutter und einem Vater, die ambulant entbunden haben. Doch die Fragen, die sich ihnen stellen, die Verzweiflung, die sie überfällt, all das sieht für Eltern, die ihr Kind im Krankenhaus bekommen, nicht anders aus. Da ist nur vielleicht gleich eine Krankenschwester greifbar – wenn sie Zeit hat…

Die Mutter: 1. Tag zu Hause
*Die Hebamme kommt am Mittag, schaut sich den Nabel des Kleinen an, fragt, wie die Geburt war. Sie rät uns, das Telefon abzustellen, aber wir wollen es doch allen sagen, daß das Baby endlich da ist. Das Telefon klingelt und klingelt, kaum daß wir eingeschlafen sind, irgendwann geben wir es auf, bleiben wach, und das nach zweieinhalb Tagen ohne Schlaf. So unvernünftig kann man im Krankenhaus nicht sein.*

*In der Nacht machen wir wieder ständig das Licht an und rätseln, was das Baby wohl hat. Es brabbelt, stöhnt, wedelt mit den Armen, schreit kurz und – schläft weiter.*

Der Vater:
*Wo ist die Gebrauchsanweisung? Gefühle von Erschöpfung, Glück, Angst und Unsicherheit wechseln sich ab. Wenn die Hebamme kommt, ist der Ausnahmezustand für kurze Zeit aufgehoben. Aber kaum ist sie aus der Tür, häufen sich die Fragen: Kriegt das Baby wirklich genug zu essen? Schläft es richtig? Kann es auch nicht ersticken?*

*Ein Baby ist nicht nur ein großes Wunder, sondern auch ein großes Rätsel. Glücklicherweise finden wir für alles noch eine Erklärung, auch wenn sie uns gelegentlich etwas zu gewagt vorkommt. Nachts sitzen wir abwechselnd aufrecht im Bett und lauschen auf alle Laute, die unser Baby schon beherrscht.*

## Die Mutter: 2. Tag zu Hause
*Der Tag läuft weg mit Wickeln, Stillen, Lernen, wie der Dampfsterilisator und der Fläschchenwärmer funktionieren. Jonas muß viel Tee trinken, er hat eine leichte Gelbsucht, wie so viele im Winter geborene Kinder. Abends rufen wir die Hebamme an, denn Jonas verschläft den ganzen Nachmittag. Wie sollen wir ihm Tee einflößen? Wecken sollen wir ihn, bekommen wir zu hören. Aber darf man denn ein Baby wecken?*

*Nachts bekomme ich Schmerzen in der Brust, sie brennt, wird hart. Was ist los? Ich gehe wieder ins Kinderzimmer, nehme das brabbelnde Baby mit und wälze Ratgeber. Doch was habe ich denn nun? Eine Brustentzündung? Den Milcheinschuß? Verdammt noch mal, es ist zwei Uhr nachts, und ich weiß nicht, was ich machen soll. Ich versuche es mit Eiswürfeln, das lindert die Schmerzen ein wenig. Irgendwann lege ich mich wieder ins Bett und versuche zu schlafen. Stundenweise klappt das auch.*

## Der Vater:
*Ich bin auf dem besten Weg, ein richtiger Hausmann zu werden. Aber irgend etwas muß in meiner Erziehung schiefgelaufen sein, denn als das höchste Glück kann ich die Rennerei und Schufterei nicht begreifen. Ich erwische mich dabei, wie ich die Augenblicke, in denen der Rest der Familie gemeinsam schläft, richtig genieße – mit einer Tasse Kaffee und der Zeitung. Um Freunde anzurufen, fehlt mir die Kraft. Die werden ganz schön sauer sein. Aber das Baby ist mir jetzt wichtiger. Jonas hat schließlich diese Gelbsucht, und wir möchten ihm die unangenehme Behandlung unter der Photolampe ersparen. Also den Kinderwagen in die Sonne schieben, aber wo um Himmels willen kriegen wir im Januar Sonne her? Jedem Strahl jage ich nach – hoffentlich mit Erfolg. Nachts bin ich so müde, daß mich selbst die Eiswürfel im*

*Bett nicht mehr irritieren. Den Grund für die nächtliche Kühlung soll
ich erst am nächsten Morgen erfahren.*

Die Mutter: 3. Tag zu Hause

*Am Morgen rufe ich die Hebamme an: Ja, natürlich sei das der
Milcheinschuß. Und ich hätte Quarkwickel machen sollen, sagt sie,
das habe sie doch im Vorbereitungskurs erklärt. Ja, jetzt erinnere ich
mich, aber ich hatte es vergessen. Als die Hebamme kommt, löchern
wir sie mit Fragen. Zum Freuen bleibt keine Zeit.*

 *Hans rennt und rennt, räumt und räumt, kauft Berge ein. Doch
abends muß uns seine Mutter kochen, sonst gäbe es wieder nur Brot
oder auch gar nichts, es klappt einfach nicht, etwas zu essen auf den
Tisch zu stellen. Was Hans einkauft, ist vor allem für das Baby bestimmt, Dinge, an die wir vorher nicht gedacht hatten, wie eine Rotlichtlampe und Fencheltee in größeren Mengen.*

 *Das Einschlafen ist ein Drama, Jonas schreit immer wieder, sobald
wir ihn hingelegt und das Licht ausgemacht haben. Hans wird aggressiv: «Ich kann nicht mehr.» Ich nehme das Kind, gehe ins Nebenzimmer und lege mich dort mit ihm auf das Bett. Aber ich habe keine
Decke. Wenn ich jetzt ins Schlafzimmer gehe und mir eine hole, wecke
ich Hans. Also nehme ich mir meinen Mantel vom Kleiderhaken und
decke mich damit zu. Ich friere immer noch, nicke aber trotzdem ein.
Am frühen Morgen kommt Hans, er hat zumindest ein paar Stunden
ungestört geschlafen. Wir dürfen wieder ins große Bett.*

Der Vater:

*Endlich etwas Sonne. Ich setze mich, dick eingemummelt, mit dem
Kinderwagen auf den Balkon und stelle ihn so, daß die sehr schräg ein-
fallende Sonne direkt auf Jonas' Nase trifft, denn schließlich hat der
Junge unterdessen auf der Gelbsuchtskala 12 von 20 Punkten erreicht.
Über jeden Schluck Fencheltee, den er trinkt, bin ich richtig glücklich,
das schwemmt raus – vielleicht.*

 *Jonas beginnt jetzt, auf den glühenden Draht des Heizstrahlers zu
reagieren und ist so fasziniert, daß er sich ohne Geschrei wickeln läßt.
Das sind die kurzen Augenblicke des Glücks, die wir so richtig genießen können, denn manchmal glaube ich, ich bin nur noch dabei,*

*den kleinen Stoffwechselexperten vom Gröbsten zu reinigen. Trinkt der wirklich so viel? Und wir dachten schon, aus den Brüsten käme so gut wie gar nichts. In der Nacht lernte ich, was einen Vater von einer Mutter unterscheidet. Die Mutter hält durch. Ich gebe für dieses Mal auf und darf ein paar Stunden in Ruhe schlafen.*

Die Mutter: 4. Tag zu Hause
*Ein Samstag, der plötzlich vorbei ist, kaum daß er angefangen hat. Hans rennt wieder mal und kauft ein, rennt und räumt. Ich kämpfe mit dem Stillen. Daß es so schwierig ist, erstaunt mich. Die Milch fließt immerhin, aber sie staut sich auch – erst rechts, dann links. Die Hebamme erklärt, daß ich nur das Baby anlegen müsse. «Nur» bedeutet für mich Streß, denn das Baby trinkt keineswegs auf Kommando.*

*Abends greife ich zum erstenmal zum Telefon, rufe Freunde an, die irritiert sind, daß ich mich so spät melde. Wenn die wüßten, daß ich noch nicht einmal den Fotoapparat ausgepackt habe. Aber für Außenstehende ist wohl nicht nachzuvollziehen, daß solch ein Telefonat eine ungeheure Kraftanstrengung bedeutet.*

Der Vater:
*Auch das noch. Jonas wird wund. Wir haben als Eltern versagt. Erst die Hebamme kann uns wieder beruhigen. Etwas Hametumsalbe, aber bitte nur ganz dünn. Und vielleicht kurz die Rotlichtlampe. Das nehmen wir uns zu Herzen. Jonas wird nun systematisch bestrahlt. Mit überraschend schnellem Erfolg. Aber ein roter Fleck auf dem Po will und will nicht verschwinden – trotz Hametum und Infrarot.*

*Unsere Stimmung ist am Abend zum erstenmal richtig gut, denn die Gelbsucht geht zurück. Vielleicht ist doch nicht alles so kompliziert.*

Die Mutter: 5. Tag zu Hause
*Meine Eltern kommen zu Besuch. Sie sind gerührt, das Baby wandert von Arm zu Arm, wird immer unruhiger und will ständig trinken. Und statt mich ins Bett zurückzuziehen – eigentlich bin ich eine Wöchnerin –, bleibe ich auf, setze mich mit an den Mittagstisch, auf den Hans tatsächlich ein Essen gezaubert hat. Abends sind wir alle fix und fertig, Jonas schreit und schreit, Hans dreht fast durch. Ich überlege, ob es*

*Blähungen sind, nehme die Tropfen, die wir auf Rat der Hebamme an-
geschafft haben, in die Hand und stelle sie wieder weg. Ich schaffe es
einfach nicht, den Beipackzettel zu lesen. Und wenn's dann keine
Blähungen sind? Dann habe ich dem Baby umsonst Medizin gegeben,
und das soll man ja nicht. Also stille ich es wieder und wieder, bis es
um halb drei Uhr nachts einschläft.*

Der Vater:
*Das war uns leider erst hinterher klar, daß wir mit dem ersten Besuch
noch hätten warten sollen. Wir wollten eher großzügig planen; jeden
Tag Freunde einladen – und nun das. All unsere kindererfahrenen
Verwandten und Freunde scheinen sich nicht mehr daran zu erinnern,
wieviel Kraft und vor allem wieviel Nerven die ersten Tage mit dem
Kind zu Hause kosten.*

*Deprimierend sind immer wieder unsere kleinen Mißerfolgserleb-
nisse, wo wir's doch so gut meinen und genau das Falsche machen.
Das verunsichert zusätzlich, auch wenn wir gelegentlich lachen müssen – wie heute nachmittag, als die Hebamme kommt und wir ihr die
kleine rote, für uns wunde Stelle am Po zeigen. Die haben wir in den
letzten 24 Stunden in kurzen Abständen mit Creme beschmiert und mit
der Rotlichtlampe bestrahlt – aus Angst, sie könnte sich vergrößern
und wir müßten dann im Zwei-Stunden-Takt von den bequemen Pam-
pers auf die uns von allen Freunden wärmstens empfohlenen Stoffwindeln umsteigen: eine Horrorvorstellung, die uns seit dem ersten
Tag plagt, obwohl wir uns als umweltbewußt verstehen. Langsam gehen wir sogar, wenn wir nach unserer Wickelmethode gefragt werden,
von der Defensive in die Offensive, vergleichen professionell Wasser-
bedarf mit Plastikmüllmengen, nur um nicht in mühsamer Handarbeit
wickeln und Stoffwindeln waschen zu müssen. Der rote Fleck ist übrigens eine Hautverfärbung, die mit Jonas mitwachsen wird. Auch
Creme und Heizstrahler können daran nichts ändern.*

Die Mutter: 6. Tag zu Hause
*Wir haben den Termin der zweiten Vorsorgeuntersuchung beim Arzt
und können den versäumten Schlaf nicht aufholen. Als der Wecker
klingelt, weiß ich nicht, wo ich bin. Wir kommen pünktlich an, müssen*

*aber lange warten. Ich falle fast vom Stuhl, Jonas schreit und trinkt,
ihm ist das alles zuviel Unruhe. Das Baby ist gesund, gottseidank. Wieder zu Hause, versuche ich vergeblich zu schlafen. Ich bin völlig fertig,
komme auch in der nächsten Nacht nicht zur Ruhe. Denn nicht nur die
Anstrengung hält mich wach, auch die Erinnerung an die Geburt geht
mir nicht aus dem Kopf. Daß jemand das mehr als einmal mitmacht,
erscheint mir verrückt. Ich schwitze wie noch nie in meinem Leben.*

Der Vater:
*Jonas wird amtlich. Während Bettina bei unserem Arzt wartet, fahre
ich aufs Standesamt, um unseren Sohn anzumelden. Das geht erstaunlich schnell.*

*Die sog. U 2, also die erste richtige Untersuchung eines Babys,
gehört zu den aufregenderen Episoden in einem jungen Elternleben,
denn schließlich würde sie zeigen, ob Jonas mit Behinderungen auf die
Welt gekommen ist. Ist er aber glücklicherweise nicht. Wir atmen auf,
denken aber mit Schrecken an die sieben noch ausstehenden Vorsorgeuntersuchungen, bei denen wir jedesmal wieder so nervös sein werden wie heute.*

Die Mutter: 7. Tag zu Hause
*Mein Blutdruck ist so hoch wie noch nie zuvor, ich fühle mich heiß
und unruhig. Jonas trinkt jede Stunde, dann ohne Pause, ich kann einfach nicht mehr, heule. Abends ruft Hans die Hebamme an, die rät,
daß er mir das Kind abnehmen solle, egal ob es dann schreie oder
nicht. Ich höre Jonas im Nebenzimmer erbärmlich brüllen, und er tut
mir unendlich leid. Ich ertrage das nicht. Aber im Moment bin ich vollständig unfähig, irgend etwas zu tun, ich kann einfach nicht mehr und
schlafe ein – eine Stunde, die guttut, aber natürlich nicht den ganzen
versäumten Schlaf ersetzen kann.*

Der Vater:
*Bevor wir wieder erfolglos versuchen, das bißchen Haushalt plus
Baby in den Griff zu kriegen, muß Jonas in die Wanne – das erste Mal.
Auch das scheint offensichtlich eine Wissenschaft für sich zu sein. Das
fängt schon bei der Wannenhalterung an, die in unsere große Wanne*

*gesetzt werden muß. Obwohl das Schildchen «Geprüfte Sicherheit» auf dem Gestänge prangt, ist sie alles andere als idiotensicher. Der erste Versuch mißlingt kläglich. Halterung und wohlgefüllte Wanne sausen in die Tiefe. Glücklicherweise hat Jonas noch nicht dringesessen. Wir wollen dem Kind ja gerade die Freuden des Waschens vermitteln. Dazu gehört natürlich auch der richtige Badezusatz. Um Himmels willen kein «Bübchen» oder «Penaten», nur Kinderbad von Weleda, die zarte Haut und dann Chemie… Die Warnungen dröhnen uns noch in den Ohren. Wir sind zu allem bereit, keine Geldausgabe scheuend. Die Hebamme empfiehlt dann klares Wasser und einige Tropfen Sonnenblumenöl…*

*Wie muß das Kind denn nun gehalten werden? Den Kopf nicht zu tief, sonst schluckt es Wasser. Vorsicht mit dem Waschlappen, das tropft ins Auge. An den Haaren nur leicht rubbeln, die Fontanelle steht ja noch sperrangelweit offen. Und jetzt umdrehen. Aber wie? Wir versuchen es zweimal erfolglos, dann geben wir's auf. Den Rücken und den Po werden wir beim nächsten Mal waschen. Dann abreiben, ins Handtuch einpacken. Wo ist's warm genug? Wir haben wieder vergessen, die Heizlampe einzuschalten. Das Kind wird sich noch eine Erkältung holen. Am Ende ist Jonas öl- und wir sind schweißgebadet.*

*Am Abend muß ich Jonas nehmen, damit sich Bettina für einen Moment von der ständigen Nuckelei an ihren Brüsten erholen kann. Ich soll Jonas ablenken. Er durchschaut das Spiel von Anfang an und schreit erbärmlich. Jonas tut mir leid, Bettina auch, und nach einer Stunde bedauere ich mich sogar selbst. Jonas beruhigt sich erst, als er müde wird; da ist es aber schon nach 22 Uhr.*

Die Mutter: 8. Tag zu Hause

*Die Nacht war eine der anstrengendsten bisher. Jonas wollte zweimal trinken und zweimal nicht wieder einschlafen. So schwer ist mir das nächtliche Stillen bisher noch nie gefallen. Was bringt der Tag, fragen wir uns. Hans ist zum erstenmal auch völlig ausgepowert. Wir erinnern uns an die Bücher über die Beziehungskrise eines Paares nach der Geburt eines Kindes. So weit wollen wir es nicht kommen lassen, aber daß solch eine Extremsituation Aggressivität fördert, das können wir uns inzwischen vorstellen. Denn man denkt ja in solchen Situationen:*

*Wenn das noch lange so weitergeht… Ich versuche, solche Gedanken wegzuschieben, denn ich weiß, daß ich keine Wahl habe.*

Der Vater:
*Als Eltern eines Neugeborenen lernt man jeden Tag dazu, und an jedem Tag wird das Wissen von gestern revidiert. Ständig stehen Entscheidungen an. Soll das Kind nun gegen Tuberkulose geimpft werden oder nicht? Müssen wir den immer noch nässenden Bauchnabel vom Kinderarzt begutachten lassen, oder machen wir uns wieder zu schnell zu verrückt? Können wir mit dem Kleinen auch bei fünf Grad unter Null noch unseren täglichen Spaziergang machen, oder sollen wir ihn besser in der Wohnung lassen?*

*Trotzdem, so glaube ich, kriegen wir die Situation so langsam in den Griff. Bald werden wir das meiste zumindest einmal durchgemacht, erfahren und überstanden haben. Dann sollen die Freuden des Elternlebens endlich beginnen, versichern uns jedenfalls unsere Freunde, die natürlich schon alles kennen und sogar noch schlimmer erlebt haben. «Was, der Junge hat nicht jeden Tag Blähungen? Nächtelang bin ich vor dem Bücherregal auf und ab marschiert, immer den schreienden Achim auf dem Arm. Und dann haben wir ja auch noch richtig gewickelt, nicht so bequem wie ihr, fünfmal am Tag und dreimal in der Nacht. Zum Schlafen sind wir überhaupt nicht mehr gekommen, der Bub hatte ja zudem auch noch so eine hartnäckige Erkältung. Wir mußten zuletzt ins Krankenhaus mit ihm…»*

*Ich unterbreche den Redefluß und trete den geordneten Rückzug an. Vom Schlimmsten scheinen wir bisher verschont geblieben zu sein. Jonas sei Dank!*

## Kapitel 1

# Im Kreißsaal

## Das Neugeborene

Ihr Kind ist da. Es liegt auf Ihrem Bauch. Froh, daß die Schmerzen vorbei sind, schauen Sie es an und sind neugierig auf den neuen kleinen Menschen.

Um Sie herum wird es geschäftig, aber Sie merken vermutlich nicht viel davon. Denn die Routine, die jetzt abläuft, ist unauffällig, kaum merkbar für Uneingeweihte. Das hat den Vorteil, daß Sie sich entspannen und auf Ihr Baby konzentrieren können, und den Nachteil, daß Sie kaum eine Chance haben, das Geschehen zu beeinflussen – was eigentlich auch gar nicht nötig ist, wenn Sie einige Punkte schon vor oder zu Beginn der Geburt mit Ihrer Hebamme und Ihrem Arzt abgesprochen haben. Denn es gibt umstrittene ärztliche Maßnahmen, über die Sie sich möglichst vor der Entbindung informieren sollten. Dann brauchen Sie die ersten Minuten mit Ihrem Kind nicht durch medizinische Gespräche und Erklärungen stören zu lassen.

Ein bißchen Aufmerksamkeit sollten Sie aber auf jeden Fall der Untersuchung Ihres Babys schenken, denn so können Sie schon jetzt, unmittelbar nach der Geburt, eine Menge über den Gesundheitszustand Ihres Kindes erfahren.

Alle ärztlichen Maßnahmen und Untersuchungen finden Sie auf den nächsten Seiten genau beschrieben.

## U 1

*Wann wird ein Neugeborenes zum erstenmal untersucht?*

**Schon fünf Minuten nach der Geburt wird ein Baby vom Arzt (in der Klinik) bzw. einer Hebamme (im Geburtshaus und in der Praxis) zum erstenmal untersucht. Dem folgen noch im Kreißsaal – jeweils zwischen der ganz normalen Babypflege – weitere Maßnahmen und Untersuchungen, die alle zusammengefaßt als «Neugeborenen-Erstuntersuchung» oder U 1 bezeichnet werden.**

Die U 1 wird auch dokumentiert, und zwar im Mutterpaß und in einem gelben Untersuchungsheft, das von nun an das Kind begleitet. Denn nach der U 1 stehen noch acht (für privat Versicherte neun) weitere «U»s in verschiedenen Zeitabständen an.

Wenn Sie also genau wissen wollen, wie der Gesundheitszustand Ihres Kindes nach der Geburt war, dann können Sie sich die Eintragungen im Mutterpaß und im Untersuchungsheft ansehen. Dort finden sich übrigens auch Bemerkungen zu Risiken und Auffälligkeiten während der Schwangerschaft und während der Geburt. Das werden Sie sicherlich nicht unmittelbar nach der Entbindung tun, aber vielleicht einige Tage später.

# Apgar-Werte: der «Zustand» des Neugeborenen

Zur U 1 gehört die Feststellung der sogenannten «Apgar-Werte» (benannt nach der amerikanischen Anästhesistin Virginia Apgar). Sie werden fünf und zehn Minuten nach der Geburt bestimmt, wobei der Arzt jeweils maximal zwei Punkte für fünf Kriterien vergibt. Was heißt das genau?

**Es werden Atemfrequenz, Herzfrequenz, Hautfarbe, Muskeltonus und Reflexerregbarkeit überprüft.** Die Untersuchung fällt Ihnen vermutlich gar nicht auf, weil sie eher einem ersten Eindruck gleichkommt und ohne großen Aufwand an technischen Geräten geschieht. Der Arzt benötigt nur einmal ein Gerät, und zwar ein Stethoskop, um die Herzfrequenz festzustellen. Die Atemfrequenz und die Hautfarbe kann er ohne Hilfsmittel hören bzw. sehen, und den Muskeltonus erkennt er daran, ob ein Kind «schlapp» oder «fit» erscheint, und die Reflexerregbarkeit testet er, indem er das Neugeborene an einer Fußsohle kitzelt.

*Teil der U 1*

Die meisten Kinder erhalten neun bis zehn von zehn möglichen Punkten, das heißt für den Arzt oder die Hebamme, daß das Baby vital und lebensfähig ist. Wenn ein Neugeborenes aber benommen wirkt oder andere sofort erkennbare Krankheiten hat, dann erhält es weniger Punkte. Meistens bedeutet das, daß entsprechende medizinische Maßnahmen eingeleitet werden müssen.

Die Bestimmung der Apgar-Werte ist vollständig harmlos, Sie können sie geschehen lassen, ohne sich darum zu kümmern.

## Das Abnabeln

Jetzt ist es Zeit für das Abnabeln, ein Handgriff, der inzwischen zur Philosophie geworden ist. Denn noch vor gar nicht langer Zeit wurde die Nabelschnur sofort nach der Geburt durchgetrennt: viel zu früh, befanden Vertreter der natürlichen Geburt, da die Nabelschnur auspulsieren und damit die Blutkreisläufe von Mutter und Kind von allein trennen soll.

*Wird das Baby sofort abgenabelt?* **Heute wird in vielen Kliniken, in Praxen und Geburtshäusern erst etwa drei bis vier Minuten nach der Geburt abgenabelt, in manchen Häusern weiterhin früher.** Wahrscheinlich werden Sie so kurz nach der Geburt kaum in der Lage sein, Einspruch zu erheben, so daß Sie sich wohl der Routine unterordnen müssen. Das ließe sich allenfalls durch die Wahl eines geeigneteren Krankenhauses umgehen.

Fast überall hat sich durchgesetzt, daß die Väter abnabeln dürfen – wenn sie wollen. Dazu schneiden sie die Nabelschnur zwischen zwei von der Hebamme gesetzten Klemmen durch. Davon merken weder Mutter noch Kind etwas. Später, wenn das Baby gewaschen und angezogen wird, deckt die Hebamme den Stumpf locker mit einer Kompresse ab. In manchen Kliniken, Praxen und Geburtshäusern pudern die Hebammen den Nabel – und kleben ihn zu oder verbinden ihn. Ob dieses «Einpacken» dem Abheilen förderlich ist, darüber gibt es unterschiedliche Ansichten.

## pH-Wert

*Teil der U 1* Bevor die Nabelschnur endgültig abgetrennt wird, entnehmen der Arzt oder die Hebamme Blut aus der Nabelarterie, um den pH-Wert (Säure-Basen-Wert) festzustellen. **An dieser Angabe kann man sehen, ob das Kind zu diesem Zeitpunkt «übersäuert» ist und damit an Sauerstoffmangel leidet.** Denn während der letzten Phase der Geburt wird das Baby schlechter als vorher durch die Nabelschnur mit Sauerstoff versorgt (die Natur hat einen Schutz vor der Mangelversorgung geschaffen, indem sie die Mutter hyperventilieren, d. h. heftiger atmen läßt), und die normale Atmung hat noch nicht eingesetzt.

*Was bedeutet der pH-Wert?*

In Ihrem Mutterpaß und im gelben Untersuchungsheft wird wahrscheinlich ein Wert von 7,2 bis 7,4 eingetragen. Er sollte über 7,15 liegen; wenn er niedriger ist, wird Ihrem Baby sehr wahrscheinlich nach einer Stunde noch einmal Blut abgenommen (diesmal aus der Ferse). Spätestens dann ist die Sauerstoffversorgung vermutlich normal. Wenn nicht, wenn das Blut Ihres Kindes also (im Fachjargon) zu «sauer» ist, müssen ihm eventuell die Atemwege abgesaugt werden oder mittels einer Infusion alkalische Substanzen zugeführt werden (was eher selten geschieht).

Auch diese Maßnahme ist ein Teil der U 1.

## Erstes Anlegen

**Innerhalb der ersten halben Stunde nach der Geburt sollte die Mutter ihr Kind zum erstenmal stillen.** Der Zeitpunkt ist nicht gleichgültig, denn in dieser Phase hat das Neugeborene ein sehr starkes Saugbedürfnis. Und wenn das Anlegen nicht klappt, liegt das meist weniger am Baby als an der Mutter, die beim ersten Kind noch keine Übung hat (und haben kann). Hier sind die Hebamme und der Vater gefragt.

*Wann darf das Baby zum erstenmal angelegt werden?*

Im günstigsten Falle zeigt die Hebamme der Mutter, wie diese ihre Brust zwischen zwei Finger nehmen muß, um dem Neugeborenen das Finden der Brustwarze und das Trinken zu erleichtern. Und sie läßt den Vater den Kopf des Kindes halten. Das hilft der Mutter sehr, denn auch wenn ein Baby nur drei Kilogramm wiegt, so empfindet eine Frischentbundene dieses Gewicht als Tonnenlast. So ging es zum Beispiel Paula Blume, die einfach nur Angst hatte, daß ihr Kind auf den Boden fallen könnte, weil ihre Arme nach der anstrengenden Geburt butterweich waren.

Im ungünstigeren Falle funktioniert das Stillen nicht. Das kann am Baby liegen, das einfach nicht trinken mag (vielleicht weil es nach der Geburt seine Ruhe will, also – im Medizinerjargon – «deprimiert» ist). Oder daran, daß der Mutter nicht genug geholfen wird. *Bleiben Sie standhaft, wenn*  *Sie meinen, daß die Hebamme Sie nicht lange genug beim Stillen unterstützt!* Das frühe Anlegen ist nämlich für die Versorgung des Kindes mit der Vormilch (s. auch Kap. 3, S. 85) wichtig, und es hilft, daß sich die Gebärmutter zusammenzieht.

## Das erste Bad ...

... wird heute oft noch nicht im Kreißsaal gemacht, insbesondere dann nicht, wenn die Geburt lange gedauert hat und das Kind deshalb zu den sogenannten Streßbabys zählt. Vielleicht wäscht die Hebamme das Neugeborene ein bißchen ab, weil noch irgendwo Blut klebt, vielleicht zieht sie es auch einfach nur an. Und vielleicht macht dies alles der Vater, falls er sich traut, das zerbrechlich wirkende neue Menschlein anzufassen.

In manchen Kliniken wird das Baby tatsächlich

gebadet, was konkret heißt, es einmal kurz ins Wasser zu tauchen und dann vorsichtig abzutrocknen. Sie brauchen keine Angst zu haben, daß dabei die Käseschmiere abgewaschen wird. Sie ist vollständig wasserabweisend, bleibt also beim Bad erhalten (sie zieht übrigens innerhalb weniger Stunden in die Haut ein).

Wenn Sie nicht möchten, daß Ihr Baby gebadet wird, dann können Sie das selbstverständlich ablehnen und es ein paar Tage später selber nachholen.

## Körpermaße und Behinderungen

Ebenfalls Teil der U 1 sind die Feststellung der **Körpermaße** und eine genaue Untersuchung auf **Fehl- oder Mißbildungen und Krankheiten.** Wann das genau passiert, hängt davon ab, wo Sie entbinden, ob ein Kaiserschnitt gemacht werden mußte, ob und wann das Baby gestillt wird und wie es Mutter und Kind geht.

*Teil der U 1*

Für die Untersuchung liegt das Neugeborene auf einer Wickelkommode (unter einer Wärmelampe) im Entbindungsraum, so daß Sie zusehen können. Es wird zunächst abgehorcht, um die Herz- und Lungentätigkeit zu überprüfen und um festzustellen, ob noch Fruchtwasser in der Lunge verblieben ist. Der Arzt bzw. die Hebamme prüft, ob die Proportionen von Kopf, Rumpf und Gliedmaßen stimmen, ob ein Schlüsselbeinbruch vorliegt (das ist die häufigste, glücklicherweise ungefährliche, Geburtsverletzung), und betrachtet anschließend den ganzen Körper des Kindes von der Fontanelle bis zu den Fußzehen genau. Daraufhin werden die «Reifezeichen» untersucht: Ist «Käseschmiere» auf der Haut (eine weißliche, hautschützende Schicht)? Ist die Haut glatt oder schuppig, trocken oder feucht? Sind die Nägel voll ausgebildet, d. h., ragen sie bei den Fingern über und bei den Füßen bis an die Kuppen? Können die Ohr- und Nasenknorpel deutlich gefühlt werden? Sind die Geschlechtsorgane (Penis, Scheide und die Brustwarzen) voll entwickelt?

*Dieser Teil der U 1 ist außerordentlich wichtig, um schon früh Krankheiten feststellen und behandeln zu können. Wenn Sie nicht zu erschöpft oder auch zu euphorisch (kann man das sein?) sind, dann hören Sie Ihrem Arzt genau zu!*

Auf das jetzt folgende Messen und Wiegen sind die meisten Eltern sehr gespannt, die Werte (Größe, Gewicht, Kopfumfang) finden Sie übrigens im Mutterpaß und im gelben Untersuchungsheft. Merken Sie sich die Angaben genau. Denn alle Welt wird Sie danach fragen.

«Warum interessiert das so sehr?» wundert sich manche Mutter, «diese ganzen Neugierigen sollten sich lieber danach erkundigen, wie es mir geht!» Früher war es wichtig zu wissen, ob ein Kind genug Gewicht mit auf die Welt brachte. Denn nur dann hatte es eine Chance zu überleben. Darüber hinaus waren Mütter sehr stolz auf große, schwere Babys. Und diese «Tradition» hat sich erhalten, obwohl die meisten Kinder heute mit durchschnittlich 53 cm Größe und 3250 Gramm Gewicht geboren werden und nur sehr kleine «Frühchen» (Frühgeburten) schlechtere Überlebenschancen haben.

## Hemd und Hose

Für das Anziehen benötigen der Vater oder die Hebamme die ersten Kleider Ihres Babys. *Bei*

*einer Klinikentbindung werden sie vom Kranken-
haus gestellt, bei einer ambulanten Geburt allerdings müssen Sie sie schon vorher besorgt haben.*

Ina Roth erinnert sich noch sehr gut, wie sie den
Zettel ihrer Entbindungspraxis las und nicht wußte, welche Größe denn nun das Erstlingsjäckchen,
das Erstlingshemdchen und der Strampler haben
mußten und ob sie Windeln einpacken sollte oder
nicht. Und daß das Baby, als es dann angezogen
war, in dem Strickjäckchen und der Mütze ver-
schwand... (S. auch Kap. 2, S. 72–75.)

## Vitamin K

Die Zeitungen waren eine Zeitlang voll mit alar-
mierenden Meldungen über Vitamin K, vielleicht
erinnern Sie sich noch daran. Es hieß, daß die Vi-
tamin-K-Spritze, die allen Neugeborenen unmittelbar nach der Geburt gegeben wurde, Krebs
auslösen könne. Der Verdacht ist angeblich entkräftet, zumindest schreibt das die Zeitschrift «Eltern» in ihrem Novemberheft 1993. Dennoch erhalten Babys heute Vitamin K nicht mehr in Form
einer Spritze, sondern als Tropfen, denn in dieser
wesentlich geringeren Konzentration ist es un-
schädlich – zumindest nach dem heutigen Stand
der Wissenschaft.

Unumstritten bleibt der Grund, warum Vitamin K überhaupt verabreicht wird: **Es ist ein Ge-
rinnungsstoff, der innere Blutungen (bei Geburten meist im Gehirn und am Nabel) zum Stillstand
bringt.** Wird Vitamin K nicht gegeben, können die
Blutungen zu einer lebenslangen Behinderung
führen.

*Was ist Vitamin K?*

Sie sollten sich also nicht unbedingt dagegen
wehren, wenn man Ihrem Baby nach der Geburt

einen Tropfen Vitamin K (= 1 mg) in den Mund träufelt – so die heutige Praxis (und Teil der U 1), die bei der U 2 und bei der U 3 wiederholt wird. Vollgestillte Kinder müssen bei der U 4 eventuell noch einmal einen Tropfen des Vitamins schlucken, da ihre Magen- und Darmflora etwas später als bei Flaschenkindern in der Lage ist, das Vitamin K selber zu bilden.

## Augentropfen

Eine weitere umstrittene Routinegabe (und Teil der U 1) sind die Silbernitrattropfen, die den Neugeborenen vor allem in Kliniken in die Augen geträufelt werden. **Diese Maßnahme (im Medizinjargon Credésche Augenprophylaxe) ist äußerst selten sinnvoll.** Nur falls eine Frau irgendwann in ihrem Leben an Tripper (medizinisch wird diese Geschlechtskrankheit als «Gonorrhoe» bezeichnet) gelitten hat, dann sollte sie ihrem Kind die Tropfen geben lassen. Denn die Tropfen wirken gegen Gonokokken (Bakterien), die die Mutter als Folge der Krankheit in der Scheide hat und an ihr Kind weitergibt. Werden die Tropfen in diesem Fall nicht verabreicht, kann das Kind durch eine Infektion der Augen blind werden.

*Muß jedes Neugeborene Augentropfen bekommen?*

Der Grund, warum Sie Ihrem Baby die Prozedur – wenn möglich – ersparen sollten, ist, daß die Tropfen ätzend sind und somit die Augen reizen. *Wenn Sie sich ganz sicher sind, daß Sie nicht irgendwann einmal an Tripper erkrankt waren, oder wenn Sie einige Wochen vor der Geburt bei Ihrem Frauenarzt einen entsprechenden Test haben machen lassen (danach fragen!), dann können Sie im Kreißsaal veranlassen, daß Ihrem Kind die Tropfen nicht gegeben werden.* Sagen Sie nichts, erhält

es sie sonst vermutlich automatisch. In Geburtspraxen und in Geburtshäusern wird man Sie sicher fragen, ob Sie überhaupt möchten, daß die
Augenprophylaxe durchgeführt wird.

## Spucken und Niesen

Marianne Reuters Baby spuckt, würgt, japst nach
Luft und niest zwischendurch, so daß die junge
Mutter den Vater nach der Hebamme schickt, die
gerade mal für einen Moment den Kreißsaal verlassen hat. Sie kann die Eltern gleich beruhigen:
**Das Baby spuckt Fruchtwasser, und das ist in kei-
ner Weise besorgniserregend.** Bei einer normalen
Geburt wird das Fruchtwasser zwar aus den Lungen herausgepreßt (bei einem Kaiserschnitt muß
es abgesaugt werden), aber ein Rest bleibt oft
noch in den Atemorganen. Und an dem hat das
Baby zu schlucken bzw. zu spucken. Drehen Sie es
in diesem Fall auf die Seite, und klopfen Sie ihm
auf den Rücken, oder legen Sie es vorsichtig mit
dem Kopf nach unten auf Ihre Beine. Dann fällt
das Spucken leichter.

*Mein Kind spuckt,
würgt und japst nach
Luft. Ist das normal?*

    **Das Niesen hat den Grund, daß die Atemorga-
ne von Neugeborenen sehr empfindlich auf alle in
der Luft enthaltenen Stoffe reagieren, und zwar
auch auf diejenigen, an die sich die Nasen der Erwachsenen schon lange gewöhnt haben.** Darüber
hinaus sind die Öffnungen und Röhren der Neu-
geborenennase noch sehr eng und werden schon
von kleinsten Staubpartikelchen verstopft. Das
einzige Mittel, das so ein neuer Mensch dagegen
hat, ist Niesen. Denn Naseputzen kann er oder sie
ja noch nicht. Das ständige Niesen hält übrigens
einige Monate an.

*Warum niesen
Säuglinge so oft?*

    Und das Röcheln und Würgen? Um auf Mari-

anne Reuters Baby zurückzukommen: Es hörte
sofort auf zu spucken, nachdem die Hebamme da-
gewesen war und es auf die Seite gedreht hatte.
Aber nur für einen Moment, dann fing es wieder
an, um noch für einige Tage diese beängstigenden
Geräusche von sich zu geben. Die junge Mutter
konnte sich die ganze Zeit nicht an ihr röchelndes
Kind gewöhnen – während sie das Niesen nicht im
geringsten störte. Und auf einmal war der Spuk
vorbei.

## Aussehen des Kindes

«Ist mit unserem Kind alles in Ordnung?» fragen
sich viele frischgebackene Eltern, wenn sie ihr
Neugeborenes zum erstenmal betrachten. Denn
viele sehen leicht bläulich aus, besonders an Händen und Füßen. Und viele Kinder haben einen
verformten Kopf, manchmal auch geplatzte Äderchen im Gesicht. *Nichts davon ist Zeichen einer
Krankheit, für all das gibt es eine einfache Erklärung.*

Das *bläuliche Aussehen* weist meist nur darauf
hin, daß die Durchblutung des Neugeborenen
noch nicht dezentralisiert ist, d. h., daß sie zwar im
Bereich des Rumpfes, also in der Nähe des Her-
zens, schon funktioniert, aber vor allem Hände
und Füße noch nicht richtig von Blut durchströmt
werden. Es kann drei bis vier Tage dauern, bis sich
der Körper des Kindes an den Zustand außerhalb
des Mutterleibes gewöhnt hat.

Ein *verformter Kopf* entsteht durch den Druck,
dem das Baby während der Geburt ausgesetzt ist.
Die Schädelknochen eines Ungeborenen sind
weich und in der Mitte noch nicht geschlossen, damit sie sich während der Geburt dem Geburtska-

nal anpassen – und sich danach wieder richtig formen können. Das geschieht allerdings nicht sofort, sondern im Laufe der ersten Lebensmonate.

Auch die *geplatzten Äderchen im Gesicht* zeigen nur, daß das Kind stark gepreßt wurde. Sie verschwinden schon nach wenigen Tagen.

## Kann mein Kind mich sehen?

Diese Frage stellen sich viele Eltern, denn sie hängen noch dem seit Generationen verbreiteten Irrglauben an, ein Baby sehe, höre und rieche nichts in den ersten Wochen und Monaten. Dennoch haben sie das Gefühl, daß ihr Kind sie schon dann intensiv anschaut, während es sich auf Mutters Bauch von der Geburt ausruht. Die Wissenschaft gibt ihnen recht: **Neugeborene können schon direkt nach der Geburt in einem Abstand von 18 bis 30 cm sehen – also in genau der Distanz zwischen einem an der Brust nuckelnden Kind und den Augen der Mutter.**

*Können Neugeborene sehen?*

Weitere Tests ergaben, daß ein Baby irritiert reagiert, wenn ihm zwar das Gesicht der Mutter gezeigt wird, aber die Stimme dazu aus einer anderen Richtung kommt. Das heißt, schon ein Neugeborenes kann seine Mutter an der Kombination von Gesicht und Stimme erkennen. Außerdem ist es nach einigen Tagen in der Lage, die mütterliche Brust durch Riechen zu identifizieren – ob am Eigengeruch der Mutter oder an den Duftstoffen, die es selber beim Trinken hinterläßt, das wurde noch nicht herausgefunden.

## Die Mutter

*Wie geht es*
*der Mutter*
*nach der Geburt?*

**Vor allem mit Euphorie reagieren die meisten Mütter auf die Geburt ihres Kindes. Das hängt mit der Erleichterung zusammen, daß die Schmerzen endlich vorbei sind, und mit dem Hormonhaushalt, der jetzt – so wie während der Geburt – auf Hochtouren läuft.** Die vom Gehirn produzierten Hormone (Endorphine), die während der Wehen Schmerzlinderung bringen (sonst würde eine Mutter eine Geburt gar nicht aushalten), wirken auch noch danach und stimmen die Frau euphorisch.

Eine frischgebackene Mutter bringt also auch noch nach der Geburt körperliche und geistige Hochleistung, sie ist voll auf ihr Kind konzentriert. Darüber hat sich Stephanie Hein sehr gewundert, denn ihre Entbindung hat fast 25 Stunden gedauert, und danach fühlte sie sich, als hätte sie gerade drei Wochen Urlaub gemacht.

Wie «aufputschend» eine Geburt wirken kann, zeigt sich u. a. auch daran, daß die **meisten Frauen nach einer Geburt nicht schlafen können,** auch wenn sie vielleicht schon vorher ein oder zwei ruhelose Nächte hinter sich gebracht haben.

Annette Deutz fühlt sich nach der Entbindung nicht so euphorisch, sie liegt müde auf dem Kreißbett und ihr **zittern die Beine,** und zwar so sehr, daß sie sich kaum mit ihrem Baby beschäftigen kann. Die Hebamme beruhigt sie, das hänge mit der Entspannung der Muskulatur zusammen, die nicht sofort, wenn das Baby da ist, auf Nichtstun umschalten kann. Das einzige Mittel gegen zitternde Beine stelle liebevolle Massage vom Vater dar, womit Annette Deutz' Mann dann auch gleich beginnt. Und siehe da, schon bald hören ihre Beine auf zu zittern.

## Die Plazenta kommt

Innerhalb der ersten halben Stunde, nachdem das Baby auf die Welt gekommen ist, wird in der Regel die Plazenta geboren. Manchmal kommt sie von allein, manchmal hilft die Hebamme durch einen leichten Druck auf den Bauch nach. Das spürt die Mutter zwar, weil die Gebärmutter jetzt empfindlich ist, aber es tut nicht sehr weh, und einige Frauen merken es kaum, so wie Marianne Reuter: «Die Hebamme sagte plötzlich: ‹Jetzt zieht es ein bißchen!›, aber bevor ich irgend etwas merken konnte, hatte sie die Plazenta schon in der Hand.»

Falls die Nachgeburt auf sich warten läßt, muß sie operativ entfernt werden. Doch so weit muß es nicht kommen, weil die Hebammen ein gutes Mittel dagegen kennen: das Hormon Oxytocin, das ausgeschüttet wird, wenn das Kind an der Brust trinkt. *Das Mittel heißt also Stillen.* Einem Narkosearzt wurde das einmal plastisch vor Augen geführt, als er eine Mutter für die operative Entfernung der Plazenta betäuben wollte und die Hebamme ihr sagte, sie solle doch vorher noch einmal schnell ihr Kind anlegen: Die Frau tat es, und der Arzt konnte unverrichteter Dinge wieder von dannen ziehen.

## Nähen des Dammschnitts

Die meisten Frauen merken den Schnitt zunächst gar nicht, denn er geschieht während der Preßwehen an einer in diesem Moment meist durch eine

Spritze betäubten und daher schmerzunempfind-
lichen Stelle – was sich leider später ändert. Das
wissen viele Mütter nicht und sind deshalb sehr enttäuscht, wenn sie erfahren, daß sie geschnitten wurden. Bevor sie sich allerdings richtig ärgern können, rückt schon der Arzt mit Nadel und Faden an.
Meistens wird die Frau für das Nähen so gebettet,
daß ihre Beine in Beinschalen liegen, also wie auf
einem gynäkologischen Stuhl. Handelt es sich um
einen komplizierteren Schnitt, muß die Mutter
dem Vater das Kind übergeben, ansonsten kann es
auf dem Bauch der Frau bleiben.

*Tut das Nähen des*
*Dammschnitts weh?* **Das Nähen des Dammschnitts tut in den meisten Fällen nicht weh, da die Mütter lokal betäubt
werden, aber es dauert lange.** Denn es müssen
mehrere Hautschichten separat «bearbeitet» werden: nämlich Scheide, Muskelschicht und Haut.
Von der Naht sieht man fast nichts: die Fäden verlaufen meist innen und lösen sich im allgemeinen
von selbst wieder auf. Das Abheilen geschieht
allerdings selten ohne Schmerzen... (siehe auch
Kapitel 9, S. 192–196).

## Wie geht es der Mutter?

Nach dem Nähen (wenn es nötig war) wird die
Mutter untersucht. Die Hebamme kontrolliert
*Temperatur, Puls und Blutdruck sowie den Gebär-
mutterstand.* Denn diese soll sich schon recht bald
nach unten zusammenziehen, eventuell hilft die
Hebamme mit einem leichten Druck nach.
Außerdem kontrolliert sie die Stärke der *Blutung*
– die übrigens Mütter, die ihr erstes Kind bekommen, meist vollständig überrascht. Denn sie ist bei
weitem nicht mit einer Regel zu vergleichen. Das
merken die Mütter spätestens dann, wenn sie vom

Kreißbett aufstehen wollen und sich plötzlich in einer Blutlache sehen. Eine Hebamme meint dazu: «Mindestens einmal in der Woche muß ich blutige Schuhe auswaschen!»

Und noch etwas merkt die Mutter, wenn sie sich von der Waagerechten in die Senkrechte begeben möchte: Ihr knicken die Beine weg, sobald sie die Füße auf die Erde setzt. Paula Blume ging es so, als sie nach vielen Stunden vom Kreißbett aufstehen wollte. Glücklicherweise standen die Hebamme und ihr Mann neben ihr und stützten sie. Duschen konnte sie dann auch nur im Sitzen. Während sie sich über die Puddingbeine weniger wunderte, nahm sie allerdings erstaunt zur Kenntnis, daß ihr Puls raste, als hätte sie immer noch zwei Kreisläufe zu versorgen. Die Erklärung: Der Körper kann im Gegensatz zum Kopf die Anstrengung der Geburt in diesem Moment nicht vergessen. Deshalb: *Stehen Sie langsam, vorsichtig und auf den Arm Ihres Partners gestützt auf!* Dann können sie sich waschen oder duschen, das wird Sie sehr erfrischen.

## Die Braunüle ist immer noch drin

Wer im Krankenhaus entbindet, entgeht der Pikserei nur selten, außer eine Frau (oder der Partner) wehrt sich vehement dagegen oder hat sich eine Klinik ausgesucht, in der das kein Usus ist (diese gibt es!). Denn die Braunüle, eine Infusionsnadel, wird in Notsituationen für Wehenmittel und für die Betäubung wegen eventuell notwendiger Operationen, wie z. B. bei einem Kaiserschnitt, benutzt. Ist die Geburt vorbei, bleibt die Braunüle noch eine ganze Weile in der malträtierten Hand. Warum?

*Warum bleibt die Braunüle noch drin?* **Einige Mütter haben Schwierigkeiten, nachdem ihr Kind geboren ist, Wasser zu lassen. In Geburtspraxen und -häusern wird in diesem Fall einige Stunden abgewartet, in Kliniken bekommen Frauen dann häufig eine Infusion – durch die Braunüle.** Nach dem Wasserlassen zieht der Arzt sie dann endlich.

## Die Wochenstation

Zwei Stunden nach der Geburt kommen Mütter in den meisten Kliniken auf die Wochenstation, und zwar getrennt von ihrem Kind, selbst wenn Rooming-in vereinbart wurde. Das hat Sabine Deutz vollständig überrascht. Sie stritt eine Viertelstunde lang mit den Schwestern, aber man nahm ihr das Kind zunächst weg, mit der Begründung, sie müsse sich jetzt erst einmal ausruhen und schlafen. Dabei sollten alle Schwestern eigentlich wissen, daß das für Frischentbundene ein hoffnungsloses Unterfangen ist. Wenn Sie darauf vorbereitet sind, können Sie früh genug darauf hinweisen, daß Sie Ihr Baby sofort zu sich nehmen

*Darf ich mein Baby gleich zu mir nehmen?* wollen. **Sofern es keine stichhaltigen medizinischen Gründe dagegen gibt, kann man Ihnen das nicht verweigern.**

Falls Sie allerdings sehr erschöpft sein sollten, sind Sie vielleicht erst einmal froh, wenn sich in diesem Moment jemand anders um Ihr Kind kümmert. Dann nutzen Sie die Chance, sich jetzt ausruhen zu können. Ihr Kind wird erst einmal viele Stunden schlafen und sich ebenfalls von der Geburt erholen.

## Kapitel 2

# Pflege

## Das Wickeln

Das wird zunächst Ihre Hauptbeschäftigung sein. Denn anfangs läuft die Verdauung der Kinder Tag und Nacht auf Hochtouren. Müttern und Vätern bleibt nichts anderes übrig, als sich dem anzupassen und ihr Kind sechs- bis achtmal in vierundzwanzig Stunden trockenzulegen – im wahrsten Sinne des Wortes, denn schneller als man denkt ist das Kleine naß bis unter die Achseln. Dann müssen alle Kleider gewechselt werden, und das ist weitaus mehr Arbeit, als nur eine neue Windel anzuziehen.

Bevor wir Ihnen vorstellen, was Sie für das Wickeln benötigen, möchten wir Ihnen einen dringenden Hinweis geben. Auch wenn es unglaublich klingt: Noch immer fallen zahlreiche Kinder von ihren Wickelkommoden oder -tischen. Meist mit bösen Folgen, Prellungen sind dabei noch das Harmloseste. Deshalb bleuen Hebammen und Ärzte jungen Müttern mit einem sonst unüblichen Nachdruck ein: *Lassen Sie Ihr Kind nicht unbeaufsichtigt auf dem Wickeltisch liegen!* Falls Sie etwas vergessen haben sollten, nehmen Sie Ihr Kind mit, oder legen Sie es auf den Boden!

Hier ließe sich einwenden, daß Neugeborene sich noch nicht drehen können. Aber Babys lernen von einem Tag auf den nächsten, sich drehend fortzubewegen. Und wenn sich die Mutter nicht vom ersten Tag an daran gewöhnt hat, das Kind niemals außer «Griffweite» zu lassen, verpaßt sie sehr leicht diesen Moment, und dann kann es zu spät sein.

## Wickelkommode oder nicht?

In den Babyprospekten sehen die Babyzimmer perfekt aus: Wickelkommode, Regal darüber, Regal darunter, alle Utensilien stehen wohlgeordnet in erreichbarer Nähe, man braucht nur zuzugreifen, alles ist ein Kinderspiel. Die Realität sieht anders aus. Denn viele Eltern haben kein eigenes Zimmer für ihr Baby, vielleicht weil sie das am Anfang nicht für nötig halten (womit sie recht haben), vielleicht weil die Wohnung nicht groß genug ist oder die größeren Kinder keinen Platz mehr in ihrem Zimmer für Babymöbel haben.

Legen Sie die Babyprospekte beiseite, und überlegen Sie, wo Sie Ihr Baby wickeln wollen. *Was brauche ich zum Wickeln?* Das ist eigentlich überall möglich: auf einem **ausrangierten Tisch** oder auf der **Waschmaschine,** auf einem **Brett auf der Badewanne** oder auch auf dem **Küchentisch;** darauf legen Sie eine **Schaumstoffauflage und ein Handtuch.** Wenn Sie etwas kaufen möchten, dann sind **Wickelkommoden** empfehlenswert, von denen später das Wickelbrett abgeschraubt werden kann und die dann als normale Kommoden dienen. Platzsparend sind **Wickelvorrichtungen,** die auf der Badewanne auf-

gestellt werden können, oder fahrbare Wickelkommoden. Das Wichtigste: Ihrem Kind ist es
vollständig gleichgültig, wo Sie es wickeln.

Nicht egal ist es dem Baby, welche Temperatur
am Wickelplatz herrscht. Denn ein Neugeborenes
braucht vor allem Wärme. Ist ihm zu kalt, wird es
das kundtun, und zwar durch lautes Schreien. Fehlende Wärme ist übrigens der häufigste Grund für
Proteste des Babys gegen das Wickeln. Wichtig ist
zudem, daß die Luft nicht durch ständiges Heizen
trocken wird und daß die Wärme nicht aus einem
Gebläse stammt, denn dieses kann bei Neugeborenen zu Bindehautentzündung führen.

Ein **Heizstrahler** stellt deshalb eine sinnvolle
Anschaffung für den Wickelplatz dar. Er wird
etwa 1 Meter über der Wickeleinrichtung an der
Wand befestigt und liefert jederzeit, ohne Vorhei-
zen und somit äußerst energiesparend, die nötige
Wärme. Heizstrahler gibt es in jedem Elektroge-
schäft, in vielen Kaufhäusern und bei zahlreichen
Versendern. Für die Montage mit zwei Dübeln
braucht man allerdings eine Bohrmaschine.

Falls Sie keinen Heizstrahler montieren können, dann achten Sie wenigstens darauf, daß Ihr
Kind nicht in dem überheizten Raum schläft, in
dem Sie es wickeln.

Das alles gilt natürlich nur für die kalte Jahreszeit, im Sommer braucht man keine zusätzliche
Wärmequelle.

## Die Gretchenfrage – Stoff oder Plastik?

Paula Blume mußte sich schon vor der Geburt ihres
Sohnes mit Freunden und Bekannten um die Frage streiten, ob sie ihr Kind mit Wolle, Baumwolle,
ungebleichten Einmal-Zellstoff-Windeln oder gar

mit den herkömmlichen Einmal-Höschenwindeln wickeln wolle. Paula Blume war sich sicher, daß sie die Anfangsschwierigkeiten, die sie mit ihrem ersten Baby haben würde, nicht noch unbedingt mit Bergen von Wäsche kombinieren müsse. Die Schelte dafür hatte sie schon Monate vor der Geburt einzustecken. Und natürlich danach, als ihr Kinderarzt sie von Stoffwindeln zu überzeugen versuchte und als einige Mütter in der Krabbelgruppe mit Begeisterung die noch neuen Baumwoll-Höschenwindeln mit Klettverschluß ausprobierten. Paula Blume war inzwischen klar: Das Wickeln ist eine Glaubensfrage.

Lassen Sie sich nicht irritieren, Sie müssen selbst entscheiden, welche Arbeit Sie sich zumuten wollen und was Sie mit Ihrem Umweltgewissen vereinbaren können. Nicht zuletzt kann Ihnen das Baby selbst einen Strich durch die Rechnung machen. Denn manche Kinder vertragen keine gebleichten Höschenwindeln, andere keine ungebleichten, und die nächsten werden wund, weil ihre Stoffwindeln schneller und länger naß sind als die Höschenwindeln (was allerdings auch am Material oder an der falschen Wickeltechnik liegen kann).

Um Ihnen die Entscheidung etwas zu erleichtern, finden Sie hier die Vor- und Nachteile der gebräuchlichen Windeln, und auch, welche Besonderheiten für die ersten Wochen gelten.

*Vorteile* Die **Einmal-Höschenwindeln** sind vor allem einfach in der Handhabung und verursachen keine Wäsche, und aus diesen Gründen benutzen viele Mütter, die ihr erstes Kind bekommen, diese Art von Windeln zumindest in den ersten Wochen. Sie haben allerdings viele Nachteile:

Der wichtigste ist, daß viele Neugeborene – deren Haut noch besonders empfindlich ist – die Einmal-Höschenwindeln nicht vertragen und wund werden. Das liegt zum einen an den chemischen Stoffen in den Windeln und zum anderen an der Luftundurchlässigkeit des Materials. Dann bleibt Eltern nichts anderes übrig, als auf Stoffwindeln umzusteigen.

*Nachteile*

Da die wegen ihrer Gummihülle und ihres gebleichten Zellstoffs weder recycel- noch kompostierbaren Windeln einen riesigen Müllberg produzieren, ist ihre Verwendung unvereinbar mit dem Umweltgewissen vieler Eltern. Zudem stellt das Bleichen des Zellstoffs bereits bei der Herstellung eine enorme Umweltbelastung dar. Nach neueren Untersuchungen können die chemischen Stoffe in diesen Windeln auch langfristige Folgen für die Gesundheit Ihres Babys haben.

**Höschenwindeln aus ungebleichtem Zellstoff** saugen den äußerst dünnflüssigen Muttermilchstuhl nicht ganz so gut auf wie das gebleichte Konkurrenzprodukt. Falls Sie also zur braunen «Öko-Windel» greifen, dann müssen Sie Ihr Kleines etwas öfter wickeln als mit der so strahlend weißen herkömmlichen Windel – aber auch nicht häufiger als mit Stoffwindeln.

*Nachteile*

Das ändert sich glücklicherweise mit der Beschaffenheit des Stuhlgangs, der fester wird, sobald das Kind andere Nahrung erhält. Dann sind die ungebleichten Windeln das kleinere Übel – sie produzieren allerdings ebenfalls viel Müll und sind mit einer Reihe chemischer Stoffe behandelt.

*Vorteile*

*Vorteile* Wer sein Kind äußerst hautfreundlich einpacken will, der greift zu **Baumwollwindeln mit Wollhosen.** Denn sowohl die Stoffwindeln als auch die darübergezogene Wollhose sind luftdurchlässig und in dieser Kombination recht dicht, da die Wollhose Nässe aufsaugt. Gleich zwei weitere Argumente sprechen für diese Wickelmethode: «kein Wäscheberg» und «kein Müllberg». Die Stoffwindeln gibt es übrigens als Bindewindel (Öko-Versender und Öko-Läden) und als herkömmliche Stoffwindel (überall erhältlich). Davon sollten Sie sich etwa 20 Stück anschaffen, dazu drei Wollhosen. Es genügt übrigens, wenn Sie die Windeln mit 60° Celsius waschen, selbst wenn vielleicht einige braune Flecken auf den Tüchern bleiben – die bei 95° Celsius natürlich herausgewaschen würden, aber das kostet Strom und belastet die Umwelt. Die Wollhosen müssen nicht jedesmal, wenn sie naß sind, gewaschen werden, es genügt, wenn man sie trocknet: Der Urin eines Neugeborenen stinkt nämlich nicht und ist steril. Wenn die Hosen allerdings vom Stuhlgang verschmutzt sind, müssen sie gereinigt werden.

Der Hinweis der Hersteller, die Wollhosen regelmäßig mit Wollfett (erhältlich bei allen Öko- und Babysachen-Versendern) zu behandeln, sollte unbedingt beachtet werden. Sonst verlieren sie ihre Fähigkeit, Nässe aufzusaugen.

*Nachteile* Manchmal allerdings ergeht es umweltbewußten Eltern auch so: Frau und Herr Schmitz hatten sich zwar an die viele Arbeit mit den Stoffwindeln gewöhnt, aber sie mußten auf das Wickeln mit Einmalwindeln umsteigen. Tochter Anne brüllte, sobald sie die Stoffwindeln naß gemacht hatte (und das passiert bei einem Neugeborenen ja ständig). Der Grund: Da die Feuchtigkeit von den

Stoffwindeln zwar genauso gut aufgesaugt wird wie von den Höschenwindeln, der Stoff aber nicht von einem nässeabweisenden Vlies bedeckt ist wie bei den Einmalprodukten, spüren die Babys schneller, wenn sie im Nassen liegen – und schreien.

Eine Variante der Stoffwindeln stellen die **Baumwoll-Höschenwindeln** dar, die seit kurzem bei Öko-Versendern erstanden werden können. Sie sehen aus wie Einmal-Höschenwindeln und sind ebenso zu handhaben (sie sind sogar mit Klettverschluß erhältlich). Man benutzt sie zusammen mit einer Baumwolleinlage, die «das Gröbste» abfängt, und einer luftdurchlässigen, aber sehr dichten Überhose. Die Baumwoll-Höschenwindeln sind bei 60° Celsius bzw. 95° Celsius maschinenwaschbar.

*Vorteile*

Die Baumwollwindeln sind allerdings recht teuer. Deshalb bieten einige Versender den Verleih dieser Windeln an, aber das lohnt sich letztendlich nicht – und spätestens, wenn man zwei oder mehr Kinder hat, sind sie gekauft billiger.

*Nachteile*

*Falls Sie sich für Stoff- oder Baumwollwindeln entscheiden: Sie können sie auch von einem Windelservice beziehen.* Den gibt es inzwischen fast überall; die Adressen erfahren Sie beim Kinderarzt, beim Frauenarzt oder bei den Stillgruppen.

## Creme, Lotion, Öl, Gel...

Unsere Mütter schmierten fleißig, dick und dauernd. Doch die Hautärzte sind davon heute wenig begeistert. Denn eine zugekleisterte Haut hat, ist sie einmal wund, wenig Chancen, wieder gesund zu werden.

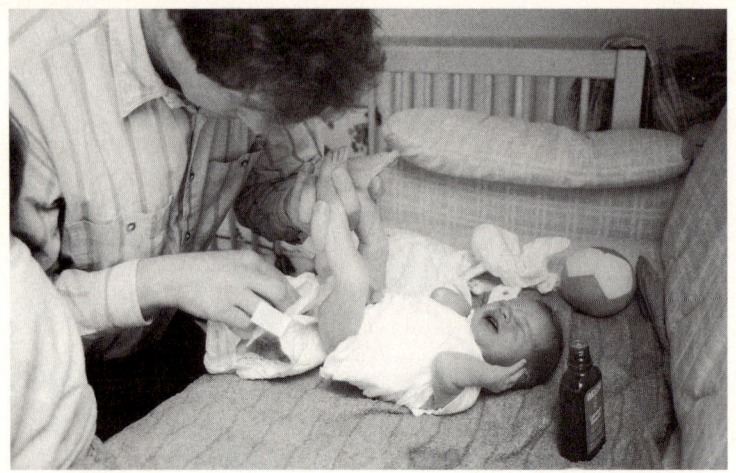

Der Babypo
wird mit
Öl gereinigt

Selbst wenn Sie sich dieses Problems bewußt sind, spätestens vor den wohlgefüllten Regalen in der Drogerie werden Sie gar nicht mehr wissen, was denn die Alternative zum «Kleister» ist.

Fragen Sie Ihren Kinderarzt oder Ihre Hebamme, dann wird Ihnen jeder etwas empfehlen, doch vermutlich nicht dasselbe. Denn zwei verschiedene Pflegearten werden heute als die schonendsten angesehen.

*1. Methode*   Bei der ersten Methode wird der Po des Babys mit **Öl** gereinigt. Dieses Öl bildet dann auch eine leichte Schutzschicht, die Urin und Stuhlgang von der Haut abhält. Besonders empfehlenswert sind Calendulaöl (von Weleda, Apotheke), Sonnenblumen- und Olivenöl, die Sie in jedem Supermarkt erhalten.

Marianne Reuter hat ihren kleinen Sohn so monatelang vor dem Wundsein bewahren können. Wenn der Kleine allerdings von oben bis unten voll Muttermilchstuhl war, dann half auch kein Öl mehr, dann mußte das Baby einen Waschgang im

Waschbecken hinnehmen. Und als das Baby mit sechs Monaten (das ist auch in den ersten Wochen möglich) einen Pilz im Windelbereich bekam, hörte sie vom Kinderarzt zuallererst: *«Bei Pilz kein Öl verwenden!»* (Siehe auch Kapitel 8, S. 169 f.)

Die zweite Pflegemethode wäscht Babys Po nur mit **Wasser** und Waschlappen – und einer Schüssel auf der Wickelkommode (nach dem kleinen Geschäft) oder unter dem Wasserhahn (nach dem großen). Daß die verwendeten Handtücher und Lappen täglich gewechselt werden müssen, versteht sich hierbei von selbst.

*2. Methode*

Bei beiden Methoden raten Ärzte und Hebammen auf jeden Fall, *soviel Luft wie möglich* an den kleinen Po zu lassen. Das hört sich einfach an, ist aber mitunter äußerst schwierig. Denn so wie Marianne Reuters Söhnchen schreien sich viele Neugeborene die Seele aus dem Leib, wenn man sie aus den warmen Kleidern auspackt – selbst mit Heizstrahler obendrüber. In diesem Falle können Eltern nur dem Willen des Kindes nachgeben und auf das «Lüften» verzichten.

## Übertriebene Hygiene

Routine ist Routine, das gilt in allen Kliniken. Und dazu gehört Hygiene – die fast immer eine sehr sinnvolle Maßnahme darstellt und viele Infektionen verhindert. Zur Hygieneroutine gehört aber auch, daß die Krankenschwestern die frischgebackenen Mütter anhalten, sich nach und vor jedem Wickeln die Hände zu desinfizieren. Ganz abgesehen davon, daß kaum eine Haut das über längere Zeit unbeschadet übersteht, ist solche Hygiene nach der Klinikzeit (und eigentlich schon währenddessen) übertrieben.

*Muß ich auch zu Hause meine Hände ständig desinfizieren?*

Zu Hause genügt es, wenn sich die Eltern **vor und nach dem Wickeln die Hände mit Seife waschen,** und natürlich nicht nur nach dem Wickeln, sondern auch, wenn sie das Baby aufnehmen und die Hände nicht sauber sind. Eine Vorsichtsmaßnahme müssen die Frauen jedoch beachten, und das ist die **gründliche Reinigung der Hände nach dem Gang zur Toilette,** wenn die Finger also in Kontakt mit dem hochinfektiösen Wochenfluß gekommen sind.

*Muß Babywäsche separat gewaschen werden?*

Zur übertriebenen Hygiene gehört auch das separate Waschen der Babywäsche: **Das ist nicht nötig.** Sie können ruhig alle «Kochwäsche», zu der heute auch Wäsche zählt, die nur mit 60° Celsius gewaschen wird, zusammen in die Waschmaschine werfen: Sie wird sauber und auch steril genug. Ganz abgesehen davon, daß Sie dann nicht für jede kleine Portion Wäsche die Maschine anstellen müssen und so viel Strom, Wasser und Waschmittel sparen.

## Wie oft braucht ein Baby frische Windeln?

Wickeln ist mühselig, insbesondere beim ersten Baby. Da hat man es endlich ausgepackt, schon brüllt es los und pinkelt aufs frische, zum dritten Mal gewechselte Handtuch und auf die bereitgelegte frische Wäsche. Hat man dann endlich wieder alles beisammen – mit dem Kind auf dem Arm –, kann man wieder von vorn anfangen. Deshalb fragen viele Eltern, wie oft sie denn diese mühselige Prozedur, diese am Anfang noch so *Wie oft soll gewickelt werden?* ungewohnten Handgriffe erledigen müssen. **Sooft wie nötig, ist die Antwort, und das heißt: tagsüber alle drei bis vier Stunden.** Oder auch öfter, das spürt man spätestens an den feuchten Kleidern –

wenn es nicht schon vorher zu hören oder zu riechen war.

Muß man wirklich so oft die Windeln wechseln? Das erscheint frischgebackenen Eltern als eine arge Plackerei – die aber mit der Zeit zur Routine wird und bei der allenfalls das Geschrei des Babys stört, das sich auch nach drei Wochen noch nicht über frische Windeln freuen mag. Sabine Deutz' Sohn z. B. hat sich drei Monate lang gegen das Wickeln gewehrt. Bis er es auf einmal wunderbar fand, gar nicht genug von den Spielchen auf dem Wickeltisch bekommen konnte.

Beim Kind einer Freundin war das ganz anders. Es hatte von Anfang an Spaß am Windeln-Wechseln, so daß die junge Mutter, wenn sie gar nicht mehr wußte, wie sie ihr Neugeborenes beruhigen konnte, auch mal zur Methode «Wickeln» griff.

Und nachts? Auch da bleibt Vätern und Müttern nichts erspart. **In den ersten vier Wochen sollten Sie Ihr Baby nachts zumindest einmal wickeln.** *nachts* Wenn das Kind alle zwei Stunden trinkt, dann braucht es nicht genausooft frische Windeln. Wenn die Eltern aber merken, daß das Kleine Stuhlgang hat, können auch mal zwei Wickelvorgänge pro Nacht nötig werden. Stefanie Hein nahm sich zwar diesen Rat der Hebamme zu Herzen – aber verzichtete dennoch gelegentlich auf das Wickeln um zwei Uhr früh, einfach weil sie zu müde war, nach dem Stillen nur weiterschlafen wollte. Sie hätte zwar ihren Mann wecken können, aber dann wäre das Geschrei nicht weniger laut gewesen. Die Tochter hat es der Mutter übrigens verziehen und keinen wunden Po bekommen. Andere Babys reagieren empfindlicher, und da haben auch noch so müde Mütter keine Chance.

*Auf jeden Fall sollte das nächtliche Wickeln unaufwendiger und unauffälliger als tagsüber sein!* Das bedeutet, sich alles Notwendige in das Zimmer zu holen, in dem das Kind schläft, nur ein Dämmerlicht anzuschalten und möglichst nicht zu sprechen. Denn alle überflüssigen Bewegungen und Lichteinflüsse machen das Kind wacher und das Weiterschlafen zum Problem. Dieses Verhalten hilft übrigens auch, dem Kind einen Tag-Nacht-Rhythmus beizubringen (mehr darüber siehe Kapitel 5, S. 137).

Zur Beruhigung: Nach vier Wochen ist die Haut des Babys etwas widerstandsfähiger, und Eltern können testen, wieviel Stuhlgang die Windel und das Baby bis zum Morgen aushalten. Darüber hinaus wird die Verdauung des Kindes nach einiger Zeit träger, d. h., es hat nachts keinen Stuhlgang mehr. Wann das eintrifft, ist von Baby zu Baby verschieden. Mit einer Windel eine Nummer größer (bei Einmal-Höschenwindeln) oder einer Extraeinlage (bei Stoffwindeln) überstehen die Kleinen die Nacht dann ohne frische «Verpackung».

### Vor oder nach dem Trinken wickeln?

Viele Krankenschwestern meinen es genau zu wissen: Ein Kind muß vor dem Trinken gewickelt werden. Die Babys richten sich allerdings nur selten nach diesen Vorstellungen. **Die meisten Säuglinge schreien beim Wickeln erbärmlich, und zwar ganz einfach deshalb, weil sie Hunger haben.**

*Warum soll ich mein Kind nach bzw. beim Trinken wickeln?*

Und es gibt noch einen zweiten Grund, warum Neugeborene nicht vor dem Trinken eine frische Windel bekommen sollten: **Die meisten haben Stuhlgang, während sie an der Brust oder an der**

**Flasche nuckeln.** Das ist für jeden Beteiligten un-
überhörbar.

Für nachts gilt eine Ausnahme. Denn Babys,
die nach dem Trinken gewickelt werden, sind
recht wach. Deshalb: **Machen Sie Stillkinder** *nachts*
**nachts während des Trinkens (d. h. nach einer**
**Brust) frisch.** Dann schlafen sie mit ziemlicher
Sicherheit beim Weiternuckeln an der anderen
Seite ein. Das funktioniert zwar nicht immer, aber
meistens.

**Bei Flaschenkindern können Sie nachts versu-**
**chen, das Trinken zu unterbrechen, so daß Ihr**
**Baby nach dem Trockenlegen noch ein Beruhi-**
**gungsschlückchen zu sich nimmt.**

## Konsistenz und Häufigkeit des Stuhlgangs

Stuhl und Urin eines Neugeborenen sind ein wich-
tiges Thema im Gespräch zwischen Schwester,
Hebamme und jungen Eltern. Denn sowohl Konsistenz als auch Häufigkeit unterscheiden sich
grundlegend von dem, was Erwachsene auf oder
genauer: in der Toilette lassen.

**Der Stuhl von Kindern, die gestillt werden, ist** *Hat mein Kind*
**äußerst dünnflüssig. Häufig denken Eltern, ihr** *Durchfall, weil*
**Kind hätte Durchfall, aber das trifft nicht zu. Er-** *der Stuhlgang*
**kennbar ist der Unterschied zwischen normalem** *so dünn ist?*
**Muttermilch-Stuhl und Durchfall am Geruch.**
**Denn ein krankhafter Stuhl riecht unangenehm**
**(in diesem Fall müssen Sie mit Ihrem Kind zum**
**Kinderarzt gehen), ein gesunder stinkt nicht, son-**
**dern hat einen leicht säuerlichen Geruch.**

Der Stuhl von Flaschenkindern ist dem der
Erwachsenen ähnlicher. Er ist fester als Muttermilch-Stuhl und riecht auch unangenehmer.

Es besteht aber kein Zusammenhang zwischen

Häufigkeit des Stuhlgangs und Ernährung: Die Spannweite reicht von «jede Windel» bis einmal wöchentlich oder wie Stefanie Hein es drastisch ausdrückt: «Meine kleine Tochter hat nur einmal die Woche geschissen, aber dann hat sie auch den ganzen Tag nichts anderes getan.»

Manche Kinder leiden schon in den ersten Wochen an Verstopfung (siehe auch Kapitel 8, S. 169). Das merken Eltern daran, daß ihr Baby zwar «drückt», aber außer Wind nichts kommt. Das ist für das Kleine unangenehm. Deshalb kann man versuchen, den Darm zu reizen, indem man ein *Thermometer in den Po* steckt. Das genügt bei vielen Kindern schon. Hilft auch das nichts, dann gibt es in jeder Apotheke *Babyklistiere* zu kaufen, mit denen man einen Einlauf machen kann. Da Sie das unangenehme Gefühl eines Einlaufs vermutlich kennen, sollten Sie damit aber warten, bis er wirklich nötig ist. *Tritt Verstopfung auf* und *haben Eltern das Gefühl, daß es ihrem Kind nicht gutgeht, dann sollten sie unbedingt zum Kinderarzt gehen!*

## Vorsicht beim Wickeln

Es passiert vermutlich gar nicht so selten: Sie ziehen Ihrem Baby die Windel aus, reinigen den Po – und haben eine Ladung Urin im Gesicht, zumindest wenn ein kleiner Junge vor Ihnen liegt. Ein Mädchen durchnäßt allenfalls alles *unter* ihm Befindliche.

Für das plötzliche Pinkeln gibt es gleich zwei Gründe: erstens die Reizung des Schließmuskels beim Saubermachen und zweitens die Kälteeinwirkung beim Ausziehen der Kleidung.

Und eines Tages ist es dann passiert: ein großer brauner Fleck prangt auf dem schönen Teppichboden vor Ihrer Wickelkommode, braun auf weiß oder blau, da nützt keine Gallseife mehr etwas. Denn beim Reinigen des Allerwertesten werden *alle* Muskeln im Pobereich gereizt, auch der des Afters. Auch daraus können Fontänen schießen, bis zu zwei Meter weit! *Die einzig wirksame Vorbeugung gegen Flecken auf dem Boden vor dem Wickeltisch stellt ein möglichst großer waschbarer Teppich dar.*

## Wundsein

Am Wundsein kommt kein Kind vorbei, und manche haben fast die gesamte Wickelzeit einen roten Po – die ersten Tage eingeschlossen. Doch bevor Sie in Panik verfallen, weil Ihr Baby rote Stellen am Allerwertesten hat, und denken, daß das für die nächsten Jahre so bleiben wird: Es gibt zahlreiche Gründe, warum ein Baby gerade in der allerersten Zeit wund wird:

1. Die Haut ist in diesen Tagen noch besonders empfindlich, sie reagiert auf Ausscheidungen sowie auf Pflegemittel und Windeln noch sensibler als in späterer Zeit.

2. Die stillende Mutter ernährt sich «falsch», ohne daß sie sich dessen bewußt ist. Denn es genügen schon kleinste, oft versteckte Mengen aggressiver Lebensmittel, um das Kind wund werden zu lassen. Wobei jedes Kind besondere Empfindlichkeiten aufweist, so daß die Mutter gar nicht weiß, was sie «falsch» gemacht hat. Am häufigsten reagieren Babys auf Fruchtsäure, also z. B. auf Orangen- oder Zitronensaft. Diese Säuren finden sich aber auch in Vitaminbrausetabletten oder in der Zitronenglasur eines Apfelkuchens. *Falls Ihr Kleines wund sein*

*sollte, müssen Sie also sehr genau überlegen, was Sie in den letzten Tagen gegessen oder getrunken haben* (siehe auch Kapitel 3, S. 108 f.)!

Das Wundsein zeigt sich in verschiedenen Graden: Das geht von einer leichten Rötung bis zum Bluten, und zwar meist genau an den Stellen, an die der Stuhlgang gelangt.

Pickel im Windelbereich sind übrigens während der gesamten Wickelzeit normal, es sei denn, sie weisen eine flächenartige Form und eine schuppende Konsistenz auf (dann handelt es sich meist um einen Pilz, siehe Kapitel 8, S. 169–170).

Welche Behandlungsmethoden gibt es nun für das Wundsein? Verschiedene, die aber alle von einem ausgehen: Wundsein entsteht in einem warmen, feuchten, eventuell luftdichten Milieu. Dem muß entgegengewirkt werden. Und hier die Abhilfen:

*Was kann man gegen Pickel oder Wundsein im Windelbereich tun?*

1. Soviel **Luft und Sonne** für Babys Po wie möglich. Das bedarf im Winter einiger Vorbereitungen: Das Zimmer muß gut geheizt sein, und es sollte ein großes Fenster geben, durch das die eventuell scheinende Sonne einfallen kann. Eine Möglichkeit, trockene Wärme an den Allerwertesten heranzubringen, ist **Fönen.** Doch das sollte man auf keinen Fall bei Jungen machen, da sie oft in hohem Bogen pinkeln – und falls sie dabei den Fön treffen, können sie einen lebensgefährlichen Schlag bekommen. Viele Neugeborene mögen es einfach nicht, wenn ihre Beine und ihr Po der frischen Luft ausgesetzt werden. Dann bleibt Ihnen nichts anderes übrig, als auf diese Behandlungsmethode zu verzichten.

2. Auch **Rotlicht** wirkt Wunder. Doch wieder

muß das Baby damit einverstanden sein, daß man es aus der Entfernung von einem Meter mit einer großen roten Lampe bestrahlt. Einverstanden sein heißt hier: Es muß stillhalten. Leider funktioniert das manchmal genausowenig wie Methode 1.

3. Die **Windelart** wechseln (siehe S. 48–51). Denn nicht selten liegt es entweder an den Höschen- oder an den Stoffwindeln, daß die Babys mit Wundsein reagieren.

3. Verreiben Sie ein paar Tropfen **Muttermilch** auf den wunden Stellen; sie enthält Zucker und ist somit heilend.

4. Dann bleibt nur noch, womit luft- und rotlichtliebende Kleine zusätzlich behandelt werden: **Medikamente,** und zwar möglichst von der sanftesten Sorte. Dazu gehören Hamamelissalbe («Hametum») und Beinwellwurzelsalbe sowie Bärlappsporen. Zu letzterem muß angemerkt werden, daß das Produkt unter keiner Markenbezeichnung, sondern als «Bärlappsporen» in der Apotheke erhältlich ist, allerdings lose, so daß man am besten eine Dose mitbestellt (in diesem Fall ausnahmsweise oft kostenlos erhältlich).

Für Stellen, an denen Haut an Haut liegt (wie die Beinfalten), und bei sehr starkem Wundsein ist Zinksalbe zu empfehlen.

*Auf zwei Dinge sollten Sie verzichten: erstens auf die früher üblichen Puder, da sie – besonders in Kombination mit Salbe – verklumpen und damit erneut Wundsein verursachen. Zweitens auf das Öl, mit dem Sie eventuell normalerweise den Babypo reinigen. Verwenden Sie jetzt besser nur Wasser.*

## Fußgymnastik

Fast alle Neugeborenen haben mehr oder minder stark ausgeprägte Sichelfüße – also stark nach innen gebogene Füße. Sie entstehen durch die beengte Lage in der Gebärmutter, bei der die Füßchen sich nicht strecken und die Sehnen sich deshalb nicht ausreichend dehnen können. **Ein** *Warum soll ich* **unkompliziertes Mittel gegen Sichelfüße, das vie-** *Fußgymnastik mit* **len älteren Kindern eine Behandlung mit Einla-** *meinem Kind machen?* **gen oder gar eine Operation erspart, ist die Fußgymnastik, die schon mit den Allerkleinsten praktiziert werden kann.**

Die folgenden Übungen können Sie mit Ihrem Baby ein paarmal nach jedem Wickeln machen (am besten mit leicht eingeölten Fingern) oder auch immer dann, wenn Ihr Kleines Lust dazu hat, wenn es also gut gelaunt und satt ist. Es wird sich vermutlich nicht dagegen wehren, im Gegenteil, die meisten Neugeborenen mögen die Gymnastik sehr.

*Ein wirksames Mittel gegen Sichelfüße: Fußmassage*

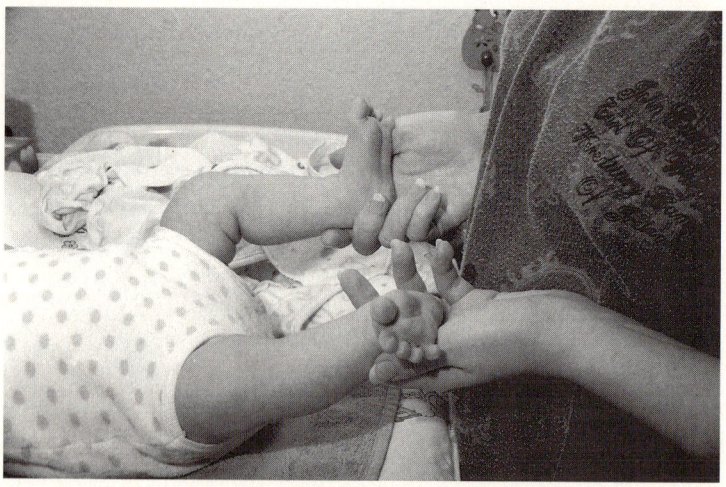

1. Streichen Sie mit Ihrem Daumen an den Außen-
   kanten der Füßchen lang. Das Kind reagiert mit
   einem Reflex, bei dem sich die Füßchen nach
   außen drehen und sich die Zehen spreizen.
2. Nehmen Sie das Füßchen in die ganze hohle
   Hand. Streichen Sie mit dem Daumen vom
   Ende des inneren Schienbeins zum großen
   Fußzeh mit leichtem Druck nach außen. Wieder drehen sich die Füßchen automatisch genau in die richtige Stellung.

# Waschen, Baden, Pflege

## Waschen und Baden

Unsere Mütter lernten und praktizierten es so:
Jeden Morgen Kohlen schleppen, die Küche
leerräumen, das Baby baden, cremen, anziehen
und anschließend den nassen Boden trockenwi-
schen. Sonst wäre – ja, was eigentlich? – passiert.
Das wissen die geplagten Frauen selber nicht,
aber damals machten es alle so.

Sie müssen vermutlich keine Kohlen mehr
schleppen. Und das tägliche Bad können Sie sich
auch sparen. Denn es ist eine Plage für die Eltern
und für Babys Haut. Ein Neugeborenes macht
sich einfach nicht dreckig – außer am Po, der oft
genug gesäubert wird, und im Gesicht, weil es dort
beim Trinken Milchreste sammelt.

**Es genügt, Gesicht und Hände ein- bis zweimal
täglich mit einem Waschlappen zu reinigen. Und
vergessen Sie die Ohren nicht. Dahinter ver-
stecken sich besonders gern Spuckreste, die ver-
schorfen können (hier hilft ein bißchen Babyöl).
Und einmal wöchentlich können Sie Baden in Ihr
Waschprogramm einplanen.**

*Wie oft soll ein
Neugeborenes
gewaschen bzw.
gebadet werden?*

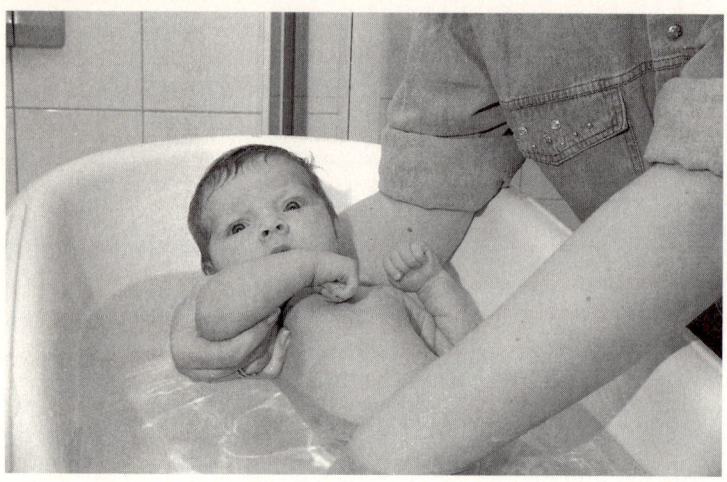

Ein fester Halt
für das Baby
beim Baden

Die Wassertemperatur sollte bei 37°–38° Celsius liegen, dann fühlen sich Neugeborene am wohl-
sten. Aber leider nicht alle, manche Babys schrei-
en, sobald sie die Badewanne von weitem sehen.
Gelegentlich hilft ein beruhigendes Lied oder ein
kleines «Wasserspiel», das das Kleine ablenkt.
Manchmal nützen nur gute Nerven. Oder Sie lassen das Bad auch mal ausfallen, wie Beate Schmidt,
die ihre Tochter nur alle vierzehn Tage in die Wanne steckte, weil sie den Protest nicht ertrug.

Zur Beruhigung: Die meisten Kinder lieben
spätestens nach einem Jahr das Baden sehr und
wollen oft gar nicht mehr aus der Wanne.

## Pflegemittel

Die Pflegemittelhersteller möchten Eltern am
liebsten den ganzen Tag beschäftigen: mit diver-
sen Cremes für den Po, einer Lotion für die zarte
Haut, einem Shampoo, Kamm und Bürste für die
Haare und Einmaltüchern zum Wäschesparen.

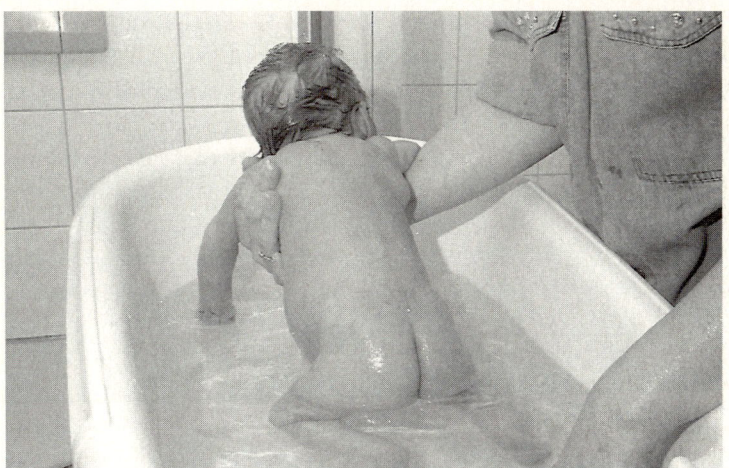

Da können Eltern den ganzen Tag einkaufen und einschmieren. Bevor Sie also den Verlockungen der rotgesichtigen Strahlebübchen und -mädchen auf den bunten Fläschchen und Tübchen erliegen, sollten Sie ganz genau überlegen, was Sie für ein Neugeborenes wirklich brauchen. Das ist sehr, sehr wenig.

*So kann das Baby gehalten und der Po gewaschen werden*

   Sie brauchen **keine Seife, kein Shampoo und keinen Badezusatz,** für Haare und Haut genügt in den ersten Wochen und Monaten klares Wasser. Sie können, wenn Sie das möchten, in das Bad des Babys, nachdem Sie Haare und Gesicht gewaschen haben, einige Tropfen **Speiseöl** mischen. Mehr Pflegemittel tun der Neugeborenenhaut nur in einem Fall gut: Wenn Gesicht, Hände, Hand- und Fußgelenke trockene Stellen aufweisen, dann benötigt die Haut etwas Hilfe für das Rückfetten (was sie sonst allein bewältigt). Hier empfiehlt sich **Creme oder Öl,** z. B. Kaufmanns-Kindercreme oder Weleda Kindercreme. Und wenn Sie möchten, können Sie nach dem Baden Ihre Hän-

*Welche Pflegemittel zum Baden und Cremen sind nötig?*

de leicht mit Speise- oder Calendulaöl (Weleda) einölen und damit Ihr Kind vorsichtig einreiben. Unbedingt nötig ist das nicht, aber bei trockener Babyhaut empfehlenswert.

**Überflüssig sind auch Puder, Nagelscheren, Kämme und Bürsten,** Babys Haut, Haare und Nägel brauchen das alles nicht. Die Scheren sind zwar babyfreundlich, weil vorn abgerundet, aber sie schneiden nicht gut. Nehmen Sie am besten Ihre normale Nagelschere, und schneiden Sie dem Kind beim Schlafen oder beim Stillen die Nägel. Kamm und Bürste sind schönes Spielzeug für ältere Babys, die greifen können, ihre eigentliche Funktion können sie aber sehr selten erfüllen, da die meisten Neugeborenen einfach noch zuwenig Haare auf dem Kopf haben. Sind diese endlich gewachsen, dann nutzen weder die weiche Bürste noch der feine Kamm etwas, weil die Haare noch zu weich und zu fein sind.

**Waschlappen** gehören zu den wenigen sinnvollen Pflegemitteln. Gesicht und Hände müssen täglich mindestens einmal und der Po sogar zigmal gereinigt werden. Und das geht am einfachsten mit einem Waschlappen. Für die Neugeborenen empfehlen sich die feinen **Mullwaschlappen oder auch einfach Mullwindeln** (die als Spucktücher meist in jedem Haushalt herumliegen), und zwar deshalb, weil nur sie dünn genug sind, um z. B. in die Ohren des Babys gelangen zu können. Außerdem kratzen sie nicht. Zu dick und hart, zudem teuer und ökologisch nicht vertretbar sind Einmalwaschlappen, die noch nicht einmal viel Arbeit sparen, wenn man statt dessen die kleinen Mullwaschläppchen benutzt.

## Ohren, Nase und Nägel

Einige Körperteile bedürfen besonderer Pflege, die nicht aufwendig ist, aber ein bißchen Vorsicht erfordert.

Die Ohren eines Neugeborenen vertragen keine Wattestäbchen, auch wenn sich diese auf vielen Einkaufslisten für werdende Mütter finden. Mit den Stäbchen wird nämlich das Ohrenschmalz in das Ohr hineingedrückt. Das merkt man anfangs vielleicht gar nicht, aber wenn das Kleine schlecht hört, dann liegt es manchmal an solch einer Verstopfung. Hier kann dann nur noch ein Arzt helfen.

**Für die tägliche Pflege genügt es, das Ohrenschmalz aus der Ohrmuschel mit einem dünnen Waschlappen wegzuwaschen.** Das sogenannte innere Ohr reinigt sich von selbst.

*Wie säubere ich die Nase und die Ohren?*

**Auch die Nase eines Neugeborenen mag keine Wattestäbchen, selbst wenn sie vom Schnupfen verstopft ist. Ein Taschentuchzipfel, mit einer drehenden Bewegung eingeführt, holt die Rückstände gut heraus.**

Die noch sehr weichen kleinen Fingernägelchen wollen in den ersten vier bis sechs Wochen nicht von einer Schere bearbeitet werden. **Wenn sie zu lang geworden sind und Ihr Kind sich kratzt, dann können Sie die Nägel problemlos abknipsen oder abbeißen.** Wenn alles nichts nützt, dann lassen sich die Nägel mit einer *Sandblattfeile* kürzen.

*Dürfen die Nägel geschnitten werden?*

## Genitalien

Die Genitalien des Babys dürfen nur vorsichtig gereinigt werden. Denn Scheide und Hoden sind bei Babys noch sehr empfindlich. Vorsicht heißt aber nicht Scham – viele Mütter und Väter haben Schwierigkeiten, die Geschlechtsteile ihrer Neugeborenen anzufassen. Doch Babys kennen Scham noch nicht, und das Alter, in dem Sie Ihrem Kind die Pflege von Scheide und Hoden/Penis allein überlassen können und müssen, ist noch weit weg.

Sowohl bei Jungen als auch bei Mädchen muß man auf die Falten rund um Penis und Scheide achten.

*Brauchen Penis und Scheide eine besondere Pflege?*

**Beim Jungen empfiehlt es sich, während des Waschens den Hodensack und den Penis hochzuheben, denn darunter sammeln sich gern Stuhlreste. Auf keinen Fall darf man die Vorhaut zurückziehen, auch wenn viele Väter meinen, das müsse schon bei den Allerkleinsten passieren!** Vorhaut und Eichel sind noch verklebt, und wenn man die Vorhaut zurückzieht, entstehen Risse. Diese wiederum vernarben und führen zu einer Phimose, einer Vorhautverengung, die dann später operiert werden muß. Lassen Sie deshalb die Vorhaut in Ruhe! Wenn die kleinen Jungen ungefähr ein Jahr alt sind, dann etwa entdecken sie beim Baden, daß sie selber haben, was sie bei ihrem Vater schon lange befingern. Und bei diesem Spiel mit dem Penis lösen sie gerade zur richtigen Zeit die Vorhaut – ohne daß Risse und Narben entstehen.

**Beim Mädchen sollten Eltern die Scheide vorsichtig mit einem Waschlappen von vorn nach hinten sauberwischen.** Mehr Pflege ist nicht nötig, sondern im Gegenteil sogar schädlich.

## Nabelpflege

Jede Hebamme, die Nachsorge macht, hat über die Pflege des Nabels eine andere Ansicht. Insbesondere die Frage, ob er nun mit Binden, Pflastern oder ähnlichem vor Luft geschützt werden muß oder ob gerade das den Nabel am Abheilen hindert, beschäftigt die Fachfrauen.

**Wir gehen davon aus, daß der Nabel möglichst viel Luft zum Heilen benötigt, d. h., die Eltern müssen vor allem dafür sorgen, daß der Nabel möglichst nicht naß wird.** (Für die rein medizinische Versorgung ist entweder die Krankenschwester oder die Hebamme zuständig.) Dabei gilt es zwei Dinge zu beachten: Die Windel darf nicht scheuern, und das Baby sollte den Nabel möglichst nicht naßpinkeln können.

*Wie wird der Nabel gepflegt?*

Um die Windel vom Nabel fernzuhalten, genügt es, sie oben umzuklappen, am besten nach außen. Das geht sowohl mit Höschen- als auch mit Stoffwindeln. Und um ein Naßpinkeln zu vermeiden, sollte oft gewickelt werden.

Wird der Nabel dennoch feucht, so muß er gesäubert werden. Bei Urin genügt ein vorsichtiges Abtupfen mit Calendula-Essenz (Apotheke), bei Stuhlgang empfiehlt sich Abspülen unter dem Wasserhahn und anschließendes Trockentupfen.

**Nach fünf bis acht Tagen fällt der Nabelstumpf ab. Jetzt ist Baden erlaubt.**

Häufig **näßt der Nabel** noch ein bis zwei Wochen, was viele Eltern stark beunruhigt. Doch dazu besteht meist kein Grund. Bevor das Baby dem Kinderarzt vorgestellt werden muß, können Sie noch folgendes versuchen: den Nabel mit Calendula-essenz säubern und danach Bärlappsporen (siehe S. 61), einen Puder, der nicht klumpt, auftragen. Meist genügt das.

*Wenn der Nabel nicht richtig heilt…*

Ist der **Nabel mit Grind bedeckt,** entfernt man diesen nur dann, wenn er außen auf der Haut klebt.

Das geht am besten mit warmem Wasser. Befindet sich der Grind im Nabel, warten Sie, bis er von allein herausfällt. Sonst verletzen Sie Ihr Baby.

Vorsicht ist geboten, wenn die **Haut um den Nabel rot und pickelig** aussieht. *Denn wenn der Nabel 1. gerötet, blutig oder gar eitrig, 2. vorgewölbt ist und 3. das Baby Temperatur hat, dann müssen Sie zum Kinderarzt, dann handelt es sich vermutlich um eine Nabelentzündung.* Der Nabel muß antiseptisch behandelt und mit einem sterilen Verband versehen werden, und meist wird der Arzt Antibiotika verschreiben (die bei Säuglingen nur in Notfällen verordnet werden). In sehr seltenen Fällen ist sogar ein Klinikaufenthalt angezeigt, bei dem das Baby eine Infusion erhält.

Glücklicherweise gibt es auch eine harmlose Form der Nabelentzündung, nämlich eine Hautreizung. Die ist dann gegeben, wenn die oben beschriebenen Punkte 2 und 3 nicht zutreffen, der **Nabel also nur etwas gerötet und keine größere Region davon betroffen ist.** Hier genügt das Abtupfen mit Calendulaessenz. Spätestens nach zwei Tagen wird die Haut wieder gesund sein.

Eine **Vorwölbung** kann auch auf einen Nabelbruch hinweisen, eine Krankheit, die sehr selten auftritt. Dann sind die Bauchmuskeln oberhalb des Nabels nicht geschlossen, und ein Stück Darm wölbt sich nach außen. Meistens tastet der Kinderarzt einen Nabelbruch bereits bei der U 2. Eine Operation ist nur dann nötig, wenn die Vorwölbung sehr groß ist. Gelegentlich verwechseln Eltern auch einen Nabelbruch mit dem von Natur aus anfänglich noch nach außen gewölbten Nabel. Denn dieser zieht sich mit der Zeit – wie die Nabelschnur außen – zusammen und sinkt in den Bauch ein.

Seitdem das Vitamin K (siehe Kapitel 1, S. 35–36) nur noch in Tropfenform verabreicht wird, beobachten Eltern recht häufig, daß **Blut aus dem Nabel des Kindes tritt,** und zwar noch einige Zeit, nachdem der Nabelstumpf abgefallen ist. Meistens handelt es sich hierbei um eine Vitamin-K-Mangelblutung, an der vor allem vollgestillte Kinder leiden, deren Magen- und Darmflora nicht schnell genug in der Lage ist, das Vitamin selber zu bilden, so daß der Körper von allein die Blutung zum Stoppen bringt. In diesem Fall bleibt wiederum nur der Gang zum Kinderarzt, der zunächst die Ursache der Blutung feststellt und gegebenenfalls noch einen Tropfen Vitamin K verabreicht.

## Anziehen

Sauber, adrett und nett, so sehen Babys in allen Illustrierten und Werbebroschüren aus. Daß keine Mutter es schafft, ihr Neugeborenes tatsächlich immer so der Umwelt zu präsentieren, verschweigen sowohl die Photos als auch die dazugehörigen Texte. Denn solch ein Vorzeigebaby haben zu wollen könnte bei einem sogenannten «Spuckkind» bedeuten, es alle zwei Stunden komplett frisch anziehen – und die dazugehörigen Wäscheberge reinigen, trocknen, zusammenlegen und im Schrank verstauen zu müssen. Das ist also reine Illusion.

**Ziehen Sie Ihrem Kind dann frische Kleider an, wenn die getragenen schmutzig sind, ansonsten nach drei bis vier Tagen (was selten vorkommen wird).** Und wenn ein Hemdchen mal nur feucht geworden ist, dann genügt einfaches Trocknen

*Braucht mein Kind jeden Tag frische Wäsche?*

statt Waschen. Das spart Arbeit, Wasser, Waschmittel und auch Kleider, denn von den Erstlingssachen besitzen die meisten Eltern nur wenige,
weil die Kleinen sowieso nach einigen Wochen
herausgewachsen sind.

## Die Erstausstattung

Wenn Sie beginnen, die Kleidung für Ihr Baby zu
besorgen, dann versuchen Sie am besten zuerst, bei
Verwandten, Freunden, Bekannten oder auf Ba-
saren (häufig in Kirchengemeinden und bei Sport-
vereinen) die Erstlingssachen gebraucht zu bekommen. Denn nicht nur Ihnen geht es so, daß die
Jäckchen und Mützchen nach einigen Wochen
unnütz im Schrank herumliegen. Und damit Sie
nicht zuviel kaufen, unten eine Liste mit dem Not-
wendigsten. Wenn Sie feststellen, daß Sie von dem
einen oder anderen zuwenig haben, dann können
Sie das Fehlende immer noch kaufen oder sich von
einem Besucher als Geschenk mitbringen lassen,
die Gratulanten sind meist dankbar für einen Tip.

Bei den Größenangaben ist zu beachten, daß
sehr kleine Kinder am Anfang in den Kleidern
verschwinden. Da Sie aber nicht wissen, welche
Größe Ihr Neugeborenes hat, können Sie sich das
Angegebene (meist Größe 62 bzw. 68) auf jeden
Fall besorgen, denn spätestens nach einigen Wo-
chen wird es auch dem winzigsten Baby passen.
Hier die Liste:

*Welche Kleidung*
*brauche ich für ein*
*Neugeborenes?*
**6 Erstlingshemdchen und 6 Erstlingsjäckchen je-
weils Größe 62/68,** und zwar am besten mit
Schnüren verschließbare Flügelhemdchen, denn
die Kleinen hassen es, wenn ihnen etwas über den
Kopf gezogen wird. Die Hemdchen schließt man

Die Flügelhemd-
chen werden
vorn gebunden

übrigens vorn und die Jäckchen hinten. Wenn möglich, sollte diese Wäsche aus Baumwolle sein, denn schon Neugeborene haben direkt auf der Haut am liebsten luftdurchlässige Materialien.

Alternativ können Sie sich auch **Bodys und Nicki-pullöverchen oder T-Shirts** (je nach Jahreszeit) zulegen. Bedingung sollte sein, daß sie oben einen Flügelverschluß oder Knöpfe haben, um sie von unten geöffnet anziehen zu können.

**6–8 Unterhöschen Größe 62/68,** die nicht kleiner sein sollten, denn es muß ja eine Windel darunter-passen, **oder 3 Wollhosen** (wenn Sie mit Stoffwin-deln wickeln).

**3–4 Strampelanzüge Größe 56 und 6 Strampelan-züge Größe 62/68,** je nach Jahreszeit entweder aus dünner Baumwolle oder aus etwas dickerem Stoff wie Nicki. Denken Sie daran, daß Strampler be-liebte (und gerngesehene) Mitbringsel sind und Sie vermutlich einige zur Geburt geschenkt be-kommen werden. Bevor Sie sich allzu viele dieser recht teuren Kleidungsstücke zulegen, warten Sie besser erst mal ab...

Ihr Kind braucht am Anfang **keinen Schlafanzug,** denn es wird sowieso sehr häufig umgezogen, und da ist es vollständig gleichgültig, ob es einen Strampler oder einen Schlafanzug trägt.

**1–2 Babymützchen** für drinnen, die je nach Jahreszeit aus Baumwolle oder Wolle hergestellt sein sollten. Was Neugeborene nicht mögen, sind die so kuschelig aussehenden, aber haarenden Mützchen aus Mohair-Wolle.

Viele Eltern ziehen ihren Neugeborenen in den ersten zehn Tagen das Mützchen ständig an, weil die Kleinen am Kopf am meisten Wärme verlieren. Auch wenn Sie das nicht möchten, draußen sollte Ihr Kind das ganze erste Lebensjahr über eine Kopfbedeckung tragen, und zwar entweder eine Mütze oder einen Sonnenhut.

**3–4 Paar dünne Baumwollsöckchen** (im Sommer) und **3–4 Paar dickere Söckchen** (für Sommer und Winter), entweder aus Wolle oder dicker Baumwolle. Die dünnen Söckchen (oder Strumpfhosen im Winter, siehe nächsten Absatz) wärmen die kleinen Füßchen unter dem Strampler, und die dickeren sind für obendrüber. Die «Übersöckchen» können auch zu große Strampler passend machen, indem man einfach die häufig zu langen Stoffbeinchen hineinsteckt. Das verhindert zudem, daß sich die Kinder in den langen Hosenbeinen verheddern.

**3–4 Strumpfhosen** (im Winter), am besten aus Baumwolle (meistens mit einer fünfprozentigen Synthetikbeimischung erhältlich), damit die Kleinen keine kalten Beine bekommen. Viele Erwachsene wissen selber, wie angenehm wärmend eine Strumpfhose im Winter unter einer Hose ist.

**1 Jacke und 1 Mütze zum «Ausgehen»,** wie es so oft heißt. Im Winter bietet sich statt dessen der sehr empfehlenswerte, weil sehr warme **Schnee-anzug** an. Vielleicht legen Sie sich beides zu, so daß Sie je nach Temperatur wechseln oder eine «Ausgehgarnitur» auch mal waschen können.

Sehr sinnvoll ist die Anschaffung von **10 Mull-windeln,** selbst wenn Sie mit Einmal-Höschenwin-deln wickeln. Denn als Spucktücher leisten sie un-geahnte Dienste und ersparen Ihnen das Waschen vor allem Ihrer Kleidung.

Eine unangenehme Erfahrung müssen fast alle El-tern machen: Ihr sonst so zufriedenes Kind wird zum Schreihals, sobald sie beginnen, die Knöpfe des Strampelanzuges zu öffnen. Das ist normal: *Viele Neugeborene mögen das Anziehen einfach nicht.* Beruhigend ist hierbei zu wissen, daß sich das Gebrüll meist legt, sobald die Knöpfe des Stramplers wieder geschlossen werden.

## Wärme

Generationen lang galt: Das Kind muß es doch warm haben! Das hieß Einpacken so dick wie möglich, Decken obendrüber, Decken untendrun-ter, eine Wollmütze im Hochsommer und in den Zimmern, in denen sich das Baby aufhielt, eine Bullenhitze. Daß nur so wenige Kinder einen unnötigen Hitzeschock davongetragen haben, ist verwunderlich.

Nicht, daß unsere Großmütter und Mütter – die meist in ungeheizten Zimmern schliefen und des-halb ihre Nachkommen etwas dicker einpackten – vollständig unrecht hatten:

*Wie warm soll das Baby bekleidet sein?* **Ein Neugeborenes, auch wenn es den ganzen Tag im Bett liegt, muß tatsächlich ein wenig wärmer angezogen werden als die Erwachsenen, und zwar deshalb, weil es sich weniger bewegt und vor allem, weil es seinen Wärmehaushalt noch nicht richtig regulieren kann.** Aber man kann des Guten eben auch zuviel tun – und zu lange, denn das Gesagte gilt vor allem für die ersten vier Wochen. Das passiert sogar Eltern heute noch, wie erst kürzlich Familie Vogt bewies.

Die Mutter rief am siebten Tag nach der Geburt bei ihrer Hebamme an und klagte, das Baby habe die ganze Nacht geschnauft, als würde es gleich ersticken. Es habe nicht geschlafen und die Eltern mit wachgehalten. Die Hebamme machte sich sofort auf den Weg, und als sie in die Wohnung und ins Kinderzimmer kam, wußte sie, was los war. In allen Räumen herrschte eine Temperatur von mindestens 25° Celsius. Die Hebamme packte, vor den entsetzten Augen der Mutter, das Baby in seine Ausfahrgarnitur, öffnete die Balkontür, stellte das Kleine im Kinderwagen raus – und es schlummerte sofort friedlich.

Auch Familie Vogt hatte also dem Irrglauben angehangen, ein Neugeborenes brauche Brutkastenklima.

*Wie warm muß es ein Neugeborenes haben?* Was ist eine «babygerechte» Temperatur? **22° Celsius tagsüber und 18° Celsius nachts.** Eltern, die gewohnt sind, bei geöffnetem Fenster zu schlafen, müssen diese Angewohnheit nicht aufgeben – bei Minustemperaturen im Winter allerdings sollten sie ihrem Baby einige Monate Schonfrist gönnen.

Auch Lüften ist erlaubt, wenn das Kleine im Zimmer ist, das Baby sollte aber möglichst nicht direkt in der Zugluft stehen. Ein Betthimmel oder eine Decke können hier helfen.

Für ein Neugeborenes ist es angenehm, wenn es in ein warmes Bettchen gelegt wird. Das läßt sich leicht mit einer Wärmflasche machen, allerdings *bevor* das Kleine hineingelegt wird. Vor dem Schlafen mit Wärmflasche warnen Hebammen und Ärzte dringend: Es haben sich schon sehr viele Babys Verbrennungen dabei zugezogen. *Eine Alternative, die im Bett liegenbleiben darf, stellt ein Kirschkernsäckchen (Öko-Versender) dar.* Es wird auf dem Kachelofen, im Backofen (bei 100° Celsius, 15 Minuten) oder auf der Heizung angewärmt. Es leistet übrigens auch bei Blähungen gute Dienste (siehe Kap. 7, S. 150).

Sie können selber kontrollieren, ob es Ihrem Kind warm genug ist: **Fassen Sie es im Nacken an.** Denn hier frieren und schwitzen Babys am ehesten. Wenn Sie an den Händen oder an den Füßen testen, können Sie leicht irritiert sein. **Die Extremitäten von Neugeborenen sind in den ersten Wochen meistens kalt, da die Blutzirkulation noch nicht richtig funktioniert und Füße und Hände nur ungenügend erreicht.** Dennoch sollten Sie auf keinen Fall die Hände mit den meist zu langen Hemdsärmeln bedecken, denn das Kleine soll lernen, sich zu spüren. Die Füße hingegen dürfen ruhig mit zwei Paar Strümpfen eingepackt werden (siehe auch S. 74).

*Woran merke ich, ob es warm genug oder vielleicht zu warm bekleidet ist?*

*Warum hat ein Neugeborenes so oft kalte Hände und Füße?*

Auch der Kopf benötigt in den ersten Wochen eine besondere Beachtung. Denn er stellt die größte Wärmeabstrahlung des kleinen Körpers dar. **Ein Baby, das nur wenige Haare hat, sollte in den ersten zwei Wochen immer eine Baumwoll- oder Baumwollseidenmütze tragen – auch tagsüber in der Wohnung.**

*Braucht ein Baby ein Mützchen im Zimmer?*

## Ausfahren und Wegfahren

Auch wenn der Begriff sehr altmodisch klingt, er wird immer noch verwendet: Mit dem Baby «fährt man aus». Das klingt ein bißchen wie Promenieren und Vorführen. Doch für viele Eltern hat die Ausfahrt andere, vor allem gesundheitliche Gründe, weil sie sich und ihrem Kind ein bißchen frische Luft gönnen wollen – oder weil sie einkaufen müssen.

Man kann das Ausfahren natürlich als Promenade gestalten und Gefährt wie Baby entsprechend teuer und aufwendig ausstatten. Wir stellen hier eher die Minimalausrüstung vor: Die Kleinen brauchen auf jeden Fall einen geschützten Kinderwagen, in dem sie ganz flach liegen können. Wohinein das Baby dann gelegt wird, ist identisch mit seiner Bettausstattung, also ein Babyfell und je nach Jahreszeit eine dicke oder dünne Decke und ein Moltontuch oder eine Spuckwindel. Die Kleidung sollte dem Wetter angepaßt sein (siehe S. 72–75).

*Bei welchen Temperaturen darf ich mit dem Baby rausgehen?* Darüber streiten sich die pädagogischen Fachleute. Was die **Sommerwochen** betrifft, sind sie sich relativ einig: Für diese Jahreszeit gibt es nur zwei Beschränkungen: Das Baby darf nicht der direkten Sonnenbestrahlung ausgesetzt werden, und man soll die Mittagshitze, auch wegen der hohen Ozon-Werte, meiden. Am besten packt man sein Baby während der Morgenstunden in den Wagen.

Im **Winter** wird die Sache komplizierter. Denn naßkaltes Wetter und Temperaturen unter −5° Celsius empfehlen sich unserer Meinung nach (die nicht die einzige ist) nicht für Babys Spazierfahrt.

Und Wind mögen die meisten Neugeborenen auch nicht, den man allerdings durch einen Windschutz von dem Kleinen abhalten kann. Die beste Richtschnur ist Ihr Gefühl: Wenn das Wetter Sie selber nicht nach draußen lockt, dann bleiben Sie alle besser im Warmen.

Das **Klima im Kaufhaus** eignet sich ebenfalls nur bedingt für Neugeborene. Denn das, was die Klimaanlagen den Menschen zumuten – bzw. die Menschen sich selber durch die Klimaanlagen –, ist nicht gesund. Ganz abgesehen von den vielen Eindrücken, denen ein Neugeborenes in solchen Einkaufstempeln ausgesetzt ist. Die meisten reagieren mit Unruhe darauf. Wenn Sie einkaufen müssen, dann gehen Sie besser in den Tante-Emma-Laden.

Und was ist mit dem Autofahren? Diese Frage stellt sich schon recht bald, sogar noch früher als die nach dem Ausfahren. Bereits die Fahrt von der Entbindungspraxis, dem Geburtshaus oder der Klinik nach Hause darf das Baby nicht in den Armen der Mutter oder des Vaters verbringen, das wäre viel zu gefährlich. Außerdem gibt es seit einiger Zeit ein Gesetz, das vorschreibt, Kinder ihrem Alter gemäß in entsprechenden Autositzen zu befördern. **Säuglinge müssen im Auto in einem Babysitz liegen bzw. sitzen, der für die Gewichtsklasse bis 9 kg zugelassen ist.** Es gibt sie von vielen Anbietern, mal in Kombination mit einem Fahrgestell, mal als integrierte Wippe, mal leichter und mal schwerer, billiger und teurer. Am besten fragen Sie in Ihrem Babygeschäft. Wichtig ist, daß Neugeborene noch nicht lange darin sitzen dürfen, Kinderärzte raten davon ab, die Kleinen länger als eine halbe Stunde dort hineinzuverfrachten.

*Wie transportiert man ein Baby nach Hause?*

Im Alltag ist es allerdings schwierig, sich immer an diese Beschränkung zu halten. Schon die recht umfangreichen Einkäufe, die nötig sind, sobald ein Baby da ist, dauern oft länger als dreißig Minuten. Und Mütter, die den ganzen Tag allein sind, sowie insbesondere Alleinerziehende haben einfach keine andere Wahl: Außer den Einkäufen stehen Ämtergänge und Arzttermine an, die sich nicht vermeiden lassen. Außerdem sind Besuche bei Verwandten und Freunden unerläßliche soziale Kontakte, auf die zu verzichten weder Mutter noch Kind guttut.

## Kapitel 3

# Stillen

Ein großer Teil der Mütter stillt bereits mit vier Wochen ab. Woran liegt das? Warum steigen so viele Frauen auf die Flaschenernährung ihres Babys um, obwohl sie wissen, daß die Muttermilch für die Ernährung von unersetzlicher Bedeutung ist – so unersetzlich, daß die Werbung für Babyanfangsnahrung kürzlich verboten wurde?

Die erste Zeit des Stillens ist für viele Frauen eher mühsam als beglückend: Mutter und Kind beherrschen das Stillen beide am Anfang noch nicht richtig, die Milchproduktion muß in Gang kommen und das Kleine seinen Rhythmus entwickeln. Einige Wochen dauert das schon. Einige Wochen, die für die Mütter häufig mit Müdigkeit, Wochenbettdepression und Schwierigkeiten beim Anlegen und mit dem Milchflußreflex zusammenfallen. Kein Wunder also, daß viele nach einem Monat zum Fläschchen greifen.

## A und O ist das richtige Anlegen

Die Milch fließt nicht ganz von allein, auch wenn Mütter das vielleicht denken. Sie müssen schon ein bißchen mithelfen, d. h. das Kleine beim Trinken unterstützen.

*Wie oft und wie lange darf ich mein Baby nuckeln lassen?*

**Am Anfang sollten Mütter ihr Kind sooft wie möglich anlegen, d. h. genau: nach Bedarf des Kindes.** Also jedesmal, wenn es wach ist und Hunger hat. Wecken muß man ein Baby nicht, um es in einem von Ärzten oder Schwestern vorgegebenen Rhythmus zu füttern (das war früher üblich und selbstverständlich), es wird sich vermutlich oft genug melden. Auch wenn die Pausen am Anfang eventuell lang erscheinen, ein gesundes und normalgewichtiges Kind benötigt nur so viel Muttermilch, wie es selber einklagt!

Die meisten Mütter jammern eher über das Gegenteil, daß nämlich ihr Baby so oft trinken möchte, also alle zwei Stunden.

Sie haben letztendlich wenig Einfluß darauf, wie oft Ihr Baby trinken möchte. Von Ihnen hängt allerdings ab, wie lange Sie es an der Brust lassen. Und da sollten Sie in den ersten Tagen etwas aufpassen: **Sieben bis acht Minuten je Brust sind am Anfang genug (später: siehe S. 91), da die Brüste noch nicht an das Saugen gewöhnt sind.**

Hilfe für das Baby beim Trinken

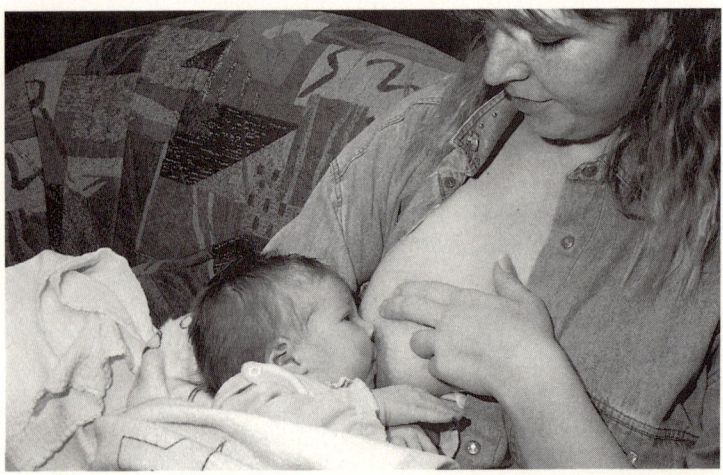

Für jetzt und für später gilt allerdings, daß bereits ein bis zwei Minuten «falsches Nuckeln» wunde Brustwarzen verursachen kann. Deshalb ist es wichtig, das Baby richtig anzulegen. Falls Sie im Krankenhaus liegen: Bitten Sie die Schwestern sooft wie nötig, Ihnen das richtige Anlegen zu zeigen. Denn wenn Sie nicht fragen, kann es sein, daß sich niemand die Zeit nimmt, es Ihnen zu erklären. Zu Hause kann es Ihnen die Hebamme zeigen.

Wie funktioniert das richtige Anlegen? **Die Brust soll ganz weit in Babys Mund gesteckt werden.** Dazu formen Sie mit der Hand ein C und stützen mit allen Fingern (bis auf den Daumen) die Brust von unten, den Daumen legen Sie locker über die Brustwarze. Und das Kleine muß den Mund möglichst weit aufmachen. Wenn es nicht klappt, fangen Sie noch einmal von vorn an! **Dazu stecken Sie den kleinen Finger in den Mund des Babys, und zwar zwischen die Zahnleisten (denn sonst saugt das Kleine einfach weiter).** Dann ist das Vakuum, das beim Trinken entsteht, weg, und Sie können noch einmal von vorn anfangen.

*Wie lege ich mein Baby richtig an?*

*Wie bringe ich einen Säugling von der Brust weg?*

Häufig funktioniert das Anlegen am Anfang nicht, weil die Brüste zu prall sind. Hier hilft es, die Brust zunächst anzuwärmen – mit einer warmen Dusche, durch Rotlicht oder einem warmen Waschlappen – und dann das Baby zumindest am Anfang einmal anders als sonst trinken zu lassen: Legen Sie das Baby so an die rechte Brust, wie es sonst an der linken liegt, und umgekehrt so an die linke Seite wie sonst an die rechte (das nennt man übrigens den «Rückengriff»), das ist zwar erst ungewohnt, hat aber den Effekt, daß das Baby die Brust auch an den Stellen leertrinkt, die es sonst gefüllt läßt.

## Milchflußreflex

Sie haben Ihre Brust angewärmt, das Baby richtig angelegt, es beginnt zu saugen – und schreit. Warum, ist Ihnen schleierhaft.

Der Grund für den Protest des Kleinen ist vermutlich, daß es vergeblich saugt, daß also die Milch nicht läuft. Wie kann so etwas passieren? *Was ist der Milchflußreflex?* **Sobald ein Baby anfängt zu trinken, werden im Gehirn der Mutter Hormone produziert, die die Milchproduktion anregen.** D.h., in den Brüsten befindet sich immer ein bißchen Milch, die dann durch «frische» ergänzt wird. Diesen Vorgang nennt man Milchflußreflex. Doch der hängt nicht nur von den ausgeschütteten Hormonen, sondern noch von anderen Faktoren ab. Der wichtigste ist das Wohlergehen der Mutter. Ist sie angespannt, in Gedanken nicht beim Stillen oder sitzt sie unbequem, dann kann die Milch nicht fließen. Deshalb müssen stillende Mütter zuallererst einmal an sich selber denken:

– Suchen Sie sich einen bequemen Platz, an dem Sie eventuell eine halbe oder eine dreiviertel Stunde sitzen können.

– Besinnen Sie sich auf sich selber, auf Ihre Situation, daß Sie jetzt Ihr Kind stillen wollen.

– Stellen Sie sich etwas zu essen und zu trinken in Griffweite, denn viele Mütter bekommen, sobald Ihr Kind anfängt zu trinken, Durst oder auch Hunger.

– Stellen Sie das Telefon ab, wenn es Sie stört. Wenn nicht, rücken Sie es in Griffweite, damit Sie nicht aufstehen müssen, falls es klingelt.

– Lassen Sie es sich gutgehen, dann werden Sie und Ihr Kind das Stillen genießen, denn «Stillen» heißt für Ihr Baby mehr als nur Trinken.

# Vormilch

Mütter im Krankenhaus, die ihre Babys vor und nach dem Stillen wiegen, verzweifeln oft. Obwohl die Kleinen lange an der Brust getrunken haben, zeigt die Waage nur einige Gramm mehr, sofern sich das messen läßt. Mit dem Resultat, daß die jungen Mütter denken, sie hätten keine Milch. Das stimmt nicht. Das, was jetzt aus den Brüsten kommt, nennt man Vormilch – und die ist *immer da,* auch wenn sie so gut wie nichts wiegt. Das ist auch gar nicht nötig, da ein Neugeborenes in den ersten Tagen meist sehr wenig trinkt.

**Die Vormilch enthält in konzentrierter Fassung alles, was ein Neugeborenes in den ersten Tagen braucht: Sie ist extrem kalorienreich und hat einen sehr hohen Eiweiß- und Mineralstoffgehalt. Darüber hinaus hilft die Vormilch beim Abführen, denn die Verdauungsorgane des Kindes sind vom Mekonium, einem schwarzen, klebrigen Stuhlgang, verstopft, der in den ersten Tagen ausgeschieden wird.** *Welche Funktion hat die Vormilch?*

Die Vormilch stellt also die beste Ernährung für ein Neugeborenes dar. Und selbst wenn das Baby dabei abnimmt – was fast alle Neugeborenen tun –, die Vormilch genügt, es muß nichts, aber auch gar nichts zugefüttert werden. Nur wenn das Baby nicht zufrieden ist, dann kann die Mutter ihm zusätzlich, also nach dem Stillen, Tee anbieten. Viele Neugeborene mögen das Gebräu allerdings nicht.

*Falls Sie im Krankenhaus entbinden, sollten Sie den Schwestern unbedingt sagen, daß Ihrem Kind nichts zugefüttert werden soll.* Denn es ist üblich, Babys, die nicht im Zimmer der Mutter liegen (die meisten verbringen zumindest die Nacht auf der

Säuglingsstation) und die oft schreien, mal schnell ein Glukosefläschchen zu geben. Das schmeckt süß, das Kleine mag das, und die Mutter wundert sich, daß das Baby keinen Hunger hat. Und schon ist das Stillen zu einem Problem geworden.

## Der Milcheinschuß

*Wie erkenne ich den Milcheinschuß?*

Irgendwann am dritten bis fünften Tag nach der Geburt passiert es: **Die Brüste werden auf einmal schwer und hart wie Stein, dazu heiß, knotig und schmerzempfindlich – und so riesig, wie es sich die Mütter kaum vorstellen konnten.** So empfinden manche Frauen den Milcheinschuß, die meisten kommen etwas glimpflicher davon.

Die Größe der Brust hat übrigens nichts mit der Menge der Milch zu tun, denn die ist noch gar nicht richtig eingeschossen, auch wenn man dieses «Vorspiel» so benannt hat. Die prallen Brüste entstehen durch ein sehr stark angeschwollenes Drüsengewebe. *Erst das häufige Anlegen des Kindes – die erste und beste Linderung für die Schmerzen – läßt die Milch richtig einschießen. Zwei Mittel helfen außerdem gegen die Beschwerden, und zwar Wärme vor dem Anlegen und Kälte danach.*  Wärmen läßt sich die Brust am leichtesten durch eine warme Dusche, einen warmen Waschlappen, Sonne oder Rotlicht. Kühlen funktioniert in diesem Fall am besten mit Quark. Das klingt kurios, doch die Erklärung ist einfach: Die meisten denken bei Kälte an Eiswürfel; doch diese sind nicht formbar, liegen also nicht richtig auf und dürfen auch nur gut eingepackt auf die Haut gebracht werden (sonst gibt es, Sie lesen richtig!: keine Erfrierungen, sondern Verbrennungen zweiten und dritten Grades).

Mit Quark hingegen kann man die Brüste rund-
herum einschmieren, man kann ihn also direkt auf
die Haut geben. Er kühlt somit besser als Eiswürfel und länger als jedes andere Mittel. Da kaum
eine Frau stundenlang mit nacktem, einge-
schmiertem Oberkörper herumlaufen kann, empfiehlt es sich, den Quark mit einer Mullwindel (die
leicht zu waschen ist) abzudecken. Oder der
Quark wird gleich unter eine dünne Lage Mull-
windeln gepackt. Vor dem Stillen oder dann,
wenn der Quark beginnt zu bröckeln, muß er abgewaschen werden. Annette Bach entdeckte übrigens Alternativen: saure Sahne und Joghurt. Sie
kühlen zwar nicht ganz so lange wie Quark, aber
sie haben den Vorteil, beim Trocknen nicht zu
bröckeln. Das erspart eine Menge Putzen und
Staubsaugen.

*Falls der Milcheinschuß bei Ihnen auf sich warten
läßt: Er muß nicht am dritten bis fünften Tag sein,
er kann auch noch einige Tage später passieren.*

Und es ist möglich, daß er ganz allmählich geschieht, daß Ihre Brüste ganz langsam größer werden, so wie bei Marianne Reuter, die erst am
zehnten Tag nach der Geburt eine sanfte Form
des Milcheinschusses spürte. Zuvor hatte sie nur
gemerkt, daß ihre Brüste ganz allmählich an Vo-
lumen zulegten. Aber die klassischen Symptome
ließen eben auf sich warten. Vielleicht hätte sich
Marianne Reuter weniger gewundert, wenn sie
mit größeren Brüsten ausgestattet gewesen wäre.
Denn Frauen mit «üppigem Oberbau» spüren oft
gar keine Veränderung.

Lassen Sie sich also auf keinen Fall verunsichern.
Solange Ihr Kind gesund aussieht und nach einer
Woche des anfänglichen Abnehmens wieder be-
ginnt an Gewicht zu gewinnen (etwa vierzehn

Tage nach der Geburt sollte es wieder so viel wiegen wie an seinem Geburtstag), so lange besteht kein Grund zur Panik.

## Die Hütchen

Ina Roth hat den «klassischen» Milcheinschuß: Die Brüste sind hart und dick – und ihr Baby will nicht trinken, weil es die Brustwarzen nicht fassen kann. Ginge sie jetzt zu ihrem Arzt, so wäre er vermutlich schnell bei der Hand mit den vielgepriesenen Stillhütchen, die doch nur so selten sinnvoll sind. Denn in den meisten Fällen gewöhnen sich die Neugeborenen damit ein falsches Trinken an, bei dem sie den Mund nicht richtig öffnen und die Brust ständig loslassen. Die meisten Mütter haben ganz normale Brüste, und ein Stillen ohne Hütchen wäre kein Problem – hätten sie nicht damit angefangen. Deshalb denken Sie daran, bevor Sie die kleinen Plastikdinger verwenden: Wenn Sie sie nur für eine Übergangszeit

Nicht schön, aber nützlich: die Stillhütchen

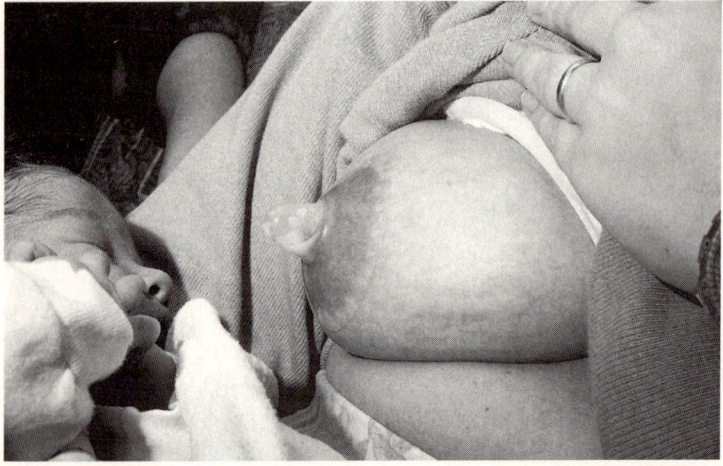

gebrauchen wollen, dann lassen Sie die Finger davon!

Für einige wenige Mütter sind sie allerdings ein Segen. **Wenn eine Frau ganz flache Brustwarzen oder gar Hohlwarzen hat, dann helfen die Stillhütchen.** Bevor Ihr Baby gar nicht mehr an die Brust gehen mag und Sie das Stillen schon aufgeben wollen, sollten Sie es doch noch einmal mit Hütchen probieren.

*Brauche ich Stillhütchen?*

Die kleinen Dinger haben übrigens einen großen Vorteil: **Sie können die Vitamin-D-Tablette vorn in die Hütchen hineinlegen, und beim Trinken löst sie sich ganz von allein auf.**

*Wie gebe ich einem Stillbaby die Vitamin-D-Tablette?*

## Erst rechts, dann links, dann rechts …

Ob ein Baby an beiden Seiten trinken will oder nicht, diese Frage beantwortet es selber: **Am Anfang wird ein Neugeborenes an einer Brust einfach nicht satt. Manche ganz Hungrige verlangen gar die dritte und vierte Seite** (siehe auch S. 94).

*Muß ein Kind immer an beiden Brüsten trinken? Oder reicht ihm eine Seite?*

Ob rechts oder links zuerst, das muß die Mutter entscheiden. **Die Brust, die bei der letzten Mahlzeit die «Hauptmahlzeit», also zuerst dran war, die sollte bei der nächsten Stillrunde die «Nachspeise», also zuletzt dran sein.** Oder anders ausgedrückt: Mütter müssen sich merken, an welcher Brust ihr Kind zuletzt getrunken hat, denn mit dieser sollten sie beim nächsten Mal anfangen. Das klingt einfacher, als es in Wirklichkeit ist. Wenn Sie alle zwei bis drei Stunden stillen, vergessen Sie oft ganz einfach, wann das Baby wo zuerst oder zuletzt genuckelt hat. *Als Hilfsmittel zum Sicherinnern bieten sich hier bunte Bänder, Büroklammern, Sicherheitsnadeln an, die man am BH oder am Unterhemd an der entsprechenden*

*Seite festmacht.* Wer Einmal-Stilleinlagen benutzt, der kann sich diejenigen mit Klebepunkten zum Erinnern kaufen. An das Stecken und Kleben müssen Sie allerdings denken, sonst geht es Ihnen so wie Annette Bach, die nach dem Stillen alles mögliche im Kopf hatte, nur nicht das Markieren der «richtigen Seite». Sie gewöhnte sich an, zu fühlen, welche Seite «dran» war. An die prallere Brust legte sie ihr Baby zuerst an. Die meisten Mütter wissen nach einigen Wochen sehr genau, welche Seite die vollere ist.

Etwas schwieriger wird es, wenn sich immer eine Brust voller anfühlt – was häufig vorkommt. Aus irgendwelchen Gründen produziert eine Brust mehr Milch. So kommt es, daß manche Babys von Anfang an vor allem an einer Seite trinken wollen – was auch immer die Mütter versuchen, sie an die andere zu locken. Manchmal gelingt es, das Neugeborene dann doch noch richtig an beide Brüste zu gewöhnen, was nicht heißt, daß es nicht seine «Schokoladenseite» beibehält, an der es weiterhin lieber trinken will. Manchmal aber nützt alles nichts, die Kleinen gehen nur an eine Seite, und aus der anderen kommt bald keine Milch mehr. Die Mütter verzweifeln dann häufig – bis ihnen in einer Stillgruppe oder beim Kinderarzt eine andere Frau begegnet, der es ebenso ergeht oder ergangen ist. Dann erfahren Sie: **Das Stillen (fast) nur an einer Seite funktioniert auch.**

*Wie verhalte ich mich, wenn mein Baby immer nur an ein und derselben Brust nuckeln will?*

Pia Meyer hat es erlebt. Sie sollte noch im Krankenhaus abstillen, weil nur aus einer Brust Milch kam. Doch sie widersetzte sich, und am 6. Tag produzierte auch die zweite Brust Milch, wenn auch weniger als die erste, und dabei blieb es, bis nach zwei Monaten an der Problemseite fast kein Tröpfchen mehr floß. Und was tat Pia Meyer, inzwischen ja längst zu Hause? Sie stillte ihre Tochter sechs Monate voll – mit einer Brust.

Warum manchmal nur eine Seite Milch in notwendiger Menge produziert, dafür gibt es keine Erklärung. Und warum manches Baby nur an einer Seite trinken mag, diese Frage kann nur der Winzling selbst beantworten, aber dazu ist er noch nicht in der Lage. Macht nichts, die Kleinen werden groß damit, auch wenn ihre Mütter eine Zeitlang durch ungleiche Brüste etwas deformiert aussehen.

## Drei Minuten oder eine dreiviertel Stunde?

**Nach einigen Tagen müssen die Mütter nicht mehr auf die Uhr schauen und ihr Kind nach sieben bis acht Minuten an der anderen Brust anlegen, ihre Brüste haben sich an das Nuckeln gewöhnt. Jetzt dürfen Sie Ihr Baby so lange trinken lassen, wie es mag.** Und da gibt es riesige Unterschiede. So erzählt Marianne Reuter, daß ihr Neugeborenes zwei, drei Minuten tüchtig saugte – und dann schon nicht mehr trinken mochte. Woraufhin die Krankenschwestern sie verrückt machten, daß sie zuwenig Milch habe, das Kleine nicht richtig zunehmen würde und sie unbedingt zufüttern müsse. Sie ging in eine Stillgruppe und holte sich moralische Unterstützung. Ihr Kind entwickelte sich prächtig – ohne Zufüttern – und lag bald bei allen Größen- und Gewichtstabellen an der oberen Grenze.

*Wie lange darf ich mein Baby nuckeln lassen?*

Paula Blume erlebte das Gegenteil: Ihr Sohn trank tagsüber stündlich, und zwar jedesmal eine dreiviertel Stunde lang. Sie traf Marianne Reuter in der Stillgruppe, um sich dort Durchhaltekraft zu holen. Die beiden Kinder wogen nach drei Monaten genau dasselbe und waren um die gleichen Zentimeter gewachsen.

## Die ersten Züge tun weh

Das Baby schreit, bekommt die Brust, entspannt sich, und die Mutter verzieht das Gesicht. Was ist geschehen?

*Warum tut das Anlegen manchmal weh?* **Sehr vielen Frauen tun die Brustwarzen weh, wenn ihr Kind «anzieht», und zwar auch dann, wenn die Brüste vollständig gesund sind: Sie sind die extreme Belastung nicht gewohnt.** Gleich mehrere Mütter haben das so beschrieben: «Es ist, als würden sich mir die Fußnägel einrollen.» Das kann während der ersten Schlucke des Kindes passieren oder sich auch einige Minuten lang hinziehen. Annette Bach erzählt, daß sie sich immer den Wecker neben den Sessel stellt, weil sie weiß, daß nach drei Minuten die Schmerzen vorbei sind.

Nicht nur der Wecker hilft hier, sondern auch der Kalender. Denn fast immer nimmt der Ansaugschmerz nach einer Woche Stillen erheblich ab und ist nach drei bis vier Wochen ganz weg.

Es gibt eine Vorbeugemaßnahme, nämlich die Brust durch Massagen mit Zahn- und Babybürsten, mit trockenen Waschlappen und Sisalhandschuhen abzuhärten. Doch das nützt nichts, wenn man damit erst nach der Geburt beginnt.

## Zusätzlich zur Muttermilch...

...braucht ein Stillbaby gar nichts – mit zwei kleinen Ausnahmen.

*Braucht ein Neugeborenes zusätzlich zur Muttermilch Tee?* 1. **In heißen Sommern ist es ratsam, dem Baby nach dem Trinken an der Brust oder auch einmal zwischendurch Tee anzubieten.** Viele Neugeborene ziehen allerdings die Muttermilch vor, und das bedeutet meist: öfter stillen, denn natürlich haben Babys genau wie Erwachsene, wenn es sehr warm ist, mehr Durst.

2. Die Vitamin-D-Tablette (eventuell Fluorid-Vitamin-D) bekommen auch Stillkinder. **Schieben Sie sie einfach seitlich in die Wange, dort löst sie sich langsam auf.** Der beste Zeitpunkt für die Gabe ist deshalb vor oder während des Trinkens, weil das Kind dann sowieso gerade schluckt und schluckt und schluckt…

*Wie gebe ich einem Stillbaby die Vitamin-D-Tablette?*

## Manchmal ist Animation nötig

Die ersten Schlucke sind bei fast allen Neugeborenen gleich: Sie trinken, als hätten sie wochenlang nichts bekommen. Doch dann zeigen sich die Charakterunterschiede: Die aktiven Kinder schlucken genauso weiter, wie sie angefangen haben, die ruhigen trinken und machen Pause, machen Pause und trinken – oder schlafen ganz ein. Bei letzteren wissen die Mütter nicht immer genau, wann die Kleinen satt sind, denn das Schläfchen kann schon bald durch erneutes Hungergeschrei beendet werden.

Aber nicht nur die kleinen Schlafmützen, auch die eifrigen Trinker sind gelegentlich müde und müssen animiert werden. Und unabhängig von der Lebhaftigkeit des Kindes lieben es alle Neugeborenen, einfach nur zu nuckeln. Das spüren die Mütter daran, daß die Kleinen nicht mehr ziehen, sondern die Brust als Schnuller benutzen.

Hat das Baby schon eine Weile getrunken und ist vermutlich satt, dann sollte die Mutter ihren kleinen Finger in das Mündchen stecken und die Mahlzeit beenden. Vielleicht will sie ihr Kind aber

*Was kann ich tun, wenn das Kleine nicht richtig trinken will?*

weiterstillen, weil es vermutlich noch Hunger hat. **Um das Trinken erneut zu aktivieren, gibt es mehrere Methoden:**

1. Die Brust zwischen Zeigefinger und Mittelfinger nehmen und leicht ziehen. Beim Baby erweckt das den Eindruck, als solle ihm die Brust weggenommen werden, und dann fängt es automatisch an, erneut zu saugen.
2. Auf der Wange des Kleinen leicht drückende Kreisbewegungen machen, das aktiviert den Saugreflex.
3. Das Kinn des Babys vom Hals Richtung Gesicht streicheln, ein Neugeborenes fühlt sich davon zum Trinken animiert.
4. Das Baby an den Füßen kitzeln.

## Wann ist das Baby satt?

Insbesondere in den ersten Wochen wissen die Mütter einfach nicht, wann ihr Baby satt ist. Denn sie kennen den neuen kleinen Menschen noch nicht gut genug, um sich in diesem Punkt sicher zu sein. Fest steht, daß ein Neugeborenes nach dem Trinken an nur einer Brust selten satt ist, und manche sind auch mit zwei Brüsten noch nicht zufrieden. Da muß noch eine dritte Seite und eventuell sogar eine vierte her (also immer wieder von vorn anfangen). Doch spätestens dann sind selbst *Wann ist ein* die Hungrigsten zufrieden. **Für das Sattsein gibt es** *Neugeborenes satt?* **einige Anzeichen:**

1. Das Neugeborene zieht nicht mehr, nuckelt nur noch. Dann muß die Mutter versuchen, das Kind zum Trinken zu motivieren (siehe oben). Nützt das nichts, hilft nur: Finger rein, Brust raus.
2. Die Milch läuft aus den Mundwinkeln heraus.

3. Das Baby rülpst oder macht sein Bäuerchen, wie es im Volksmund heißt.
4. Ein seliges, zufriedenes Lächeln legt sich um das kleine Mündchen, nachdem das Kind aufgehört hat zu trinken.
5. Das Baby schläft.

## Wiegen nach dem Trinken oder nicht?

Manche Mütter könnten verrückt werden. Sie wiegen vor dem Stillen und nach dem Stillen, und obwohl das Kleine scheinbar stundenlang genuckelt hat, zeigt die Waage kaum mehr an. Außerdem strampeln die meisten Babys auf dem Gerät so heftig, daß man sie sowieso kaum wiegen kann.

*Falls Sie in der Klinik entbunden haben sollten, und Ihr Kind ist gesund und normalgewichtig, dann verweigern Sie das Wiegen!* Das erspart Ihnen viel Aufregung. Erstens nimmt fast jedes Kind in den ersten Tagen ab. Zweitens: **Sie können auch ohne Waage sehen, ob Ihr Baby genug Nahrung bekommt oder nicht. Die Windeln sollten etwa alle vier Stunden von Urin und/oder Stuhlgang naß und die Fontanelle (die oben auf dem Kopf spürbare Lücke zwischen den Schädelknochen) sollte nicht eingesunken sein.** Außerdem folgen die Vorsorgeuntersuchungen, bei denen die Kleinen gewogen werden, so eng aufeinander, daß das Gewicht Ihres Kind häufig genug kontrolliert wird.

*Woher weiß ich, ob mein Baby genug trinkt? Brauche ich eine Waage?*

## Wachstumsschübe

Von Ausnahmen abgesehen entwickelt sich der Trinkrhythmus der meisten Kinder folgendermaßen: In den ersten ein, zwei Tagen nach der

Geburt wollen sie mehr oder minder ihre Ruhe und schlafen viel. Dann trinken sie sehr häufig, manchmal stündlich. Und wenn die Milch richtig eingeschossen ist, verlängert sich der Rhythmus wieder, so daß sie etwa alle drei Stunden an die Brust wollen. Mit diesem Wissen verlassen viele junge Mütter die Klinik nach einer Woche. Und zu Hause trauen sie ihren Ohren nicht: Ihr Kind schreit plötzlich jede Stunde, und zwar nicht aus Langeweile oder Schmusebedürfnis, sondern weil es Hunger hat. Falls Ihnen das passiert: Ihr Baby hat keine Krankheit, sondern einen Wachstumsschub. Der erste liegt bereits am Ende der ersten Lebenswoche.

*Warum ändert sich der Trinkrhythmus so oft?* **Jedes Baby hat mehrere Wachstumsschübe, die die Mutter daran erkennt, daß ihr Kind bis zu 48 Stunden lang sehr viel häufiger als sonst trinken möchte.** Danach meldet es sich wieder im gewohnten Rhythmus. Der zweite Wachstumsschub liegt übrigens etwa in der dritten bis vierten Woche und der dritte um den vierten Monat herum. Das sind jedoch nur ungefähre Angaben, denn manche Babys haben mehr Wachstumsschübe und manche in anderen als den angegebenen Zeiträumen. Und bei manchen Kindern gibt es einen scheinbar unendlichen Wachstumsschub, so wie bei Paula Blumes Sohn, der drei Monate lang tagsüber stündlich an die Brust wollte.

## Wenn es dunkel wird...

«Ich kann die Uhr danach stellen, ab siebzehn Uhr spielt meine Tochter verrückt», berichtet Ina Roth, «ab dieser Zeit trinkt sie fünf Stunden fast ununterbrochen.» Solche «Abendattacken» sind nicht ungewöhnlich, einige Babys starten sie nie oder nur selten, andere drangsalieren ihre Mütter Tag für Tag damit. Besonders schlimm empfinden das Frauen, die davon überrascht werden. Denn im Krankenhaus werden sie nicht darauf vorbereitet, dort übernimmt eventuell ein Glukoseflächchen Mutters Dienst.

**Die stundenlange Nuckelei, die die «Abendattacken» auszeichnet, wird nur zum kleinen Teil durch Hunger ausgelöst (auch wenn viele Babys bei dem langen Trinken Vorrat für viele Stunden sammeln und zumindest eine nächtliche Mahlzeit verschlafen). Dem Kind geht es dabei vor allem um den beruhigenden Aspekt des Stillens.** *Wird mein Kind abends nicht mehr satt?*

Warum sind die Babys abends so unruhig?

– Die einfallende Dämmerung löst bei vielen Kindern (auch später noch) Unwohlsein aus. Außerdem müssen die Tageserlebnisse verarbeitet werden. Bei einem Neugeborenen ruft beides Unruhe hervor.

– Das Nervensystem eines Babys ist nachmittags und abends angeregt, so daß viele am Ende des Tages noch einmal eine sehr lebendige Phase haben. Viele Mütter wissen das noch aus der Zeit der Schwangerschaft. Ihre Kinder «drehten» schon im Bauch abends noch einmal «auf» und trampelten gegen die Bauchdecke. «Es hat seine Spielstunde», sagt manche Schwangere dann.

– Der Verdauungsapparat eines Neugeborenen läuft abends auf Hochtouren. Das bedeutet, daß viele erst nach ihrem letzten Stuhlgang zur Ruhe finden. Und dann kann die Uhr schon zehn oder elf geschlagen haben.

– Auch Blähungen machen dem Kleinen abends zu schaffen. Das wissen insbesondere Eltern von Kindern mit Drei-Monats-Koliken (siehe Kapitel 7, S. 154 f.).

*Die «Maßnahmen» gegen die Abendattacken halten Ihr Kind zwar nicht allzulange von der Brust weg, aber sie verhelfen Ihnen zu ein bißchen mehr Geduld mit Ihrem «kleinen Vampir»:*

– Wenn der Vater abends zu Hause ist: Lassen Sie sich alle Arbeit abnehmen, dann können Sie mit mehr Ruhe auf dem Sofa sitzen und Ihr Kind stillen.

– Falls Sie einfach nicht mehr wollen: Drücken Sie das Kleine dem Vater in die Hand, rühren Sie ein Fläschchen an, und lassen Sie sich einmal ersetzen (keine Angst, die Milchmenge wird sich dadurch nicht reduzieren!).

– Und falls Ihre Nerven vollständig ruiniert sind, ziehen Sie Ihren Mantel an, und gehen Sie einmal um den Block!

– Denken Sie vor allem an eines: Die Abendattacken geben sich erfahrungsgemäß nach acht bis neun Wochen. Das mag Ihnen zunächst lang erscheinen, aber zwei Monate mit einem neugeborenen Kind verfliegen meistens sehr schnell.

## Das Bäuerchen und das Spucken

*Muß ein Baby nach jedem Trinken ein «Bäuerchen» machen?*

Generationen von Frauen ließen sich davon verrückt machen: vom «Bäuerchen» und dem Theater darum herum. **So wie Erwachsene nicht nach jedem Essen aufstoßen müssen, so müssen auch die Babys nicht ständig ihr Bäuerchen machen.** Mit dem Unterschied, daß die Kleinen beim Trinken mehr überflüssige Luft schlucken als die Großen beim Essen. Doch wenn das Bäuerchen

mal ausbleibt, dann passiert überhaupt nichts, das Kind nimmt keinen Schaden. Es kann nur sein, daß es das Aufstoßen eine Viertel- oder eine halbe Stunde später nachholt, und zwar dann, wenn man das Baby vom Wickeltisch hochhebt oder noch einmal aus dem Bettchen nimmt, weil es unruhig ist.

*Zartes Streichen über den Rücken erleichtert das Bäuerchen*

**Das Bäuerchen ist dann notwendig, wenn Sie ein sogenanntes Spuckbaby haben.** Wenn es nicht aufstoßen könnte, würde es noch mehr seiner Mahlzeit von sich geben. Ob Ihr Kleines ein Spuckbaby ist, wissen Sie vermutlich nach recht kurzer Zeit, denn das Spucken läßt sich weder überhören noch «überriechen» noch übersehen.

**Die Ursache für das Spucken ist übrigens meist einfach: Das Kleine hat zuviel getrunken. In sehr seltenen Fällen, wenn das Spucken erst nach einer Stunde und in einem großen Schwall geschieht, kann ein Magenpförtnerkrampf die Ursache sein, dann muß das Baby zum Arzt.**

*Warum spuckt ein Neugeborenes?*

Die Väter sind in vielen Familien die Speziali-
sten für das Bäuerchen. Denn was bei der Mutter
nicht funktioniert – vielleicht weil sie zu ungedul-
dig ist –, das klappt fast immer beim Vater. Der
trägt sein Baby mit Wonne stundenlang durchs
Zimmer, dreht und wendet es, und schon ist das
typische Geräusch zu hören – und der Vater
strahlt: «Siehst du, bei mir klappt's!»

## Der Schluckauf

Da liegt ein Kleines und hickst und hickst und
hickst. Und es scheint ihm gar nichts auszuma-
chen. Ein anderes Baby hingegen wird sofort
quengelig, schreit, und die Eltern wissen nicht, wie
sie ihrem Kind helfen können. So unterschiedlich
die Reaktionen auf einen Schluckauf sind, so
*Was kann man gegen* leicht ist die Abhilfe: **Lassen Sie Ihr Baby einfach**
*Schluckauf tun?* **noch einmal trinken,** entweder an der Brust oder
an der Flasche, meistens ist der Schluckauf dann
sofort verschwunden. Wenn Ihr Kind allerdings
nicht mehr trinken mag, dann muß es den «Hicks»
wohl oder übel ertragen.

Eine Krankheit stellt der Schluckauf auf keinen
Fall dar. Er weist nur darauf hin, daß das Zwerch-
fell – wenn auch unsinnig – arbeitet. Es zieht sich
stoßweise zusammen und zwingt damit die Betroffenen, ständig krampfhaft einzuatmen.

Die meisten Säuglinge sind die Plage übrigens
nach zwei bis drei Monaten fast gänzlich los.

## Wofür Muttermilch noch nützlich ist

Anhänger der traditionellen Medizin glauben
nicht daran, aber Mütter können gute Erfolge vor-
weisen: **Muttermilch stillt nicht nur Hunger und**

**Durst, sondern hilft auch bei Schnupfen, Binde-hautentzündung und wunden Popos.** Ein paar Tropfen in die Nase, in die Augen und auf den Al-lerwertesten genügen oft schon. Das können zwar auch die Väter machen, aber manchmal geht's auch direkt von der Brust auf den Krankheits-herd, da haben die Papas das Nachsehen.

*Hilft Muttermilch tatsächlich bei allen möglichen Krankheiten?*

Beim Umweg über die Pipette verfahren Sie am besten so: Drücken Sie etwa alle zwei Stunden ein wenig Muttermilch in eine Schüssel, und nehmen Sie eine saubere Pipette. Bei Schnupfen dauert es übrigens ein wenig länger als bei herkömmlichen Nasentropfen, bis das Baby zu niesen beginnt und die abschwellende Wirkung der Tropfen einsetzt. Muttermilch hat aber den Vorteil, daß sie im Ge-gensatz zu gekauften Mitteln die Nasenschleim-häute nicht austrocknet und besser schmeckt (sie-he auch Kapitel 8, S. 165 f.).

## Pflege der Brust

Junge Mütter nehmen sich in den ersten Wochen nach der Geburt ihres Kindes wenig Zeit für sich selbst. Glücklicherweise ändert sich das, wenn der neue Alltag ein bißchen Routine wird. Die Pflege der Brust allerdings kann nicht warten, denn sonst gibt es Probleme beim Stillen. Viel Arbeit ist nicht damit verbunden, nur einige Handgriffe, an die Sie aber denken sollten.

Die erste Maßnahme macht wenig Mühe, denn sie heißt: kein ständiges Waschen der Brüste. Sie werden beim Stillen nicht «dreckig». Im Gegen-teil, das Wasser und die Seife nehmen den natürli-chen Schutz. Waschen Sie sich also ganz normal, d. h. ein- oder zweimal täglich, wie Sie es gewohnt sind, aber lassen Sie die Seife bei der Brust weg.

*Muß ich meine Brüste vor dem Stillen waschen?*

**Statt die Brüste zu waschen, sollten Sie nach dem Stillen ein paar Tropfen Muttermilch ausdrücken, auf den Brustwarzen verreiben und möglichst an der Luft trocknen lassen.** Denn die Milch enthält einen hohen Anteil an Zucker, und der ist heilend. Damit beugen Sie Entzündungen vor. Nach einigen Wochen, wenn sich die Brust an das Nuckeln gewöhnt hat, genügt dann oft das Trocknenlassen der Milchreste.

*Brauchen die Brüste besondere Pflege?*

**Außerdem müssen die Brüste widerstandsfähig gemacht werden, auch und gerade, wenn sie angegriffen sind. Das geschieht durch Sonne, Rotlicht und soviel Luft wie möglich.** Die Sonnenstrahlen wirken auch hinter der Scheibe, denn in diesem Fall ist nicht die UV-Strahlung, sondern die Wärme entscheidend. Beim Rotlicht müssen Sie daran denken, den Sicherheitsabstand von mehr als 50 cm einzuhalten und nicht länger als zehn Minuten davorzusitzen. BH-Trägerinnen sollten eines der teuren Kleidungsstücke opfern und vorn, im Bereich der Brustwarzen, Löcher hineinschnei-

Die Hebamme hilft bei Stillproblemen

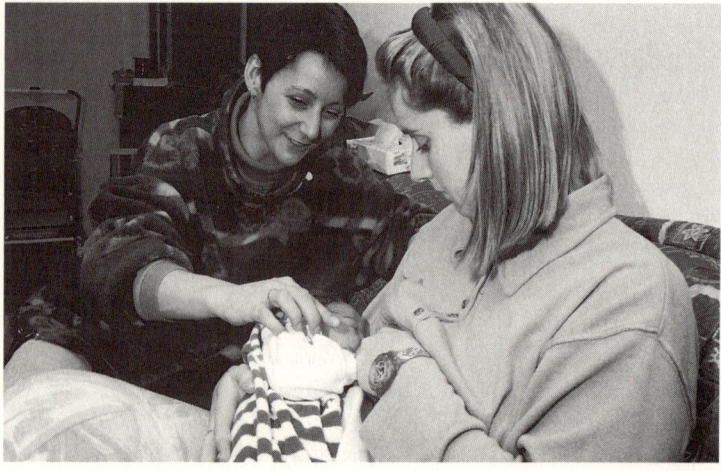

den. So kommt viel Luft an die Brust, und sie wird darüber hinaus durch die Reibung an T-Shirt oder Pullover abgehärtet. Daß es bei einer solchen «Trageweise» auch mal tröpfeln kann, müssen Sie einkalkulieren.

**Entzündete bzw. wunde Brustwarzen heilen am schnellsten mit flüssiger Kieselerde (Silicea-Gel; erhältlich in Reformhäusern und Apotheken), Honig, Dextromonsalbe und Heilerde.** Honig hat allerdings den Nachteil, daß er sehr klebrig ist und die Stilleinlagen nach einer Weile nur noch recht schmerzlich von der Brust gelöst werden können.

*Was kann ich gegen entzündete Brustwarzen tun?*

Angenehm empfinden es viele Frauen, wenn sie statt der Einmal-Stilleinlagen Woll-/Seideneinlagen (im Sommer) bzw. nur aus Wolle bestehende Einlagen (im Winter) verwenden. Beide sind bei Öko-Versendern und in Ökoläden erhältlich.

## Milchstau

Ina Roth telefoniert mit ihrer Hebamme. Sie müsse leider diese Woche die Rückbildungsgymnastik ausfallen lassen, denn sie bekomme eine Grippe. Auf Nachfragen der Hebamme stellt sich jedoch heraus, daß Ina Roth keine fiebrige Erkältung hat, sondern einen beginnenden Milchstau. Ina Roth befolgt, was ihr am Telefon geraten wird, und nach einem Tag ist sie wieder gesund.

Woran erkennt man einen Milchstau? Die Symptome gleichen tatsächlich denjenigen einer Grippe: **Kopf- und Gliederschmerzen, vielleicht auch Schüttelfrost und Fieber bis 40° Celsius. Eine Brust schmerzt, und eventuell lassen sich Knoten darin spüren, meistens unten oder an der Seite.**

*Woran erkenne ich einen Milchstau bzw. eine Brustentzündung?*

Die Ursachen sind vielfältig, es genügt, daß das Kind ein bißchen länger geschlafen hat als sonst und damit die Abstände zwischen zwei Mahlzeiten größer wurden. Das passiert häufig, wenn die Kleinen eine Abendattacke (siehe S. 96–98) hinter sich haben und nachts viele Stunden durchschlafen. Oder das Baby hat noch intensiver als sonst an der Schokoladenseite genuckelt und die andere vernachlässigt. Die häufigste Ursache für einen Milchstau hängt aber mit der Mutter zusammen. Wenn eine Frau aus irgendwelchen Gründen – sei es viel Arbeit, Ärger oder Streß – angespannt ist, dann verordnet der Körper auf unsanfte Weise eine Pause. Wenn eine Frau 40° Celsius Fieber hat, legt sie sich freiwillig ins Bett.

*Wie kann ich Milchstau und Brustentzündung behandeln?* **Bettruhe** gehört zu den wichtigsten Maßnahmen gegen einen Milchstau, am besten kombiniert mit **Entspannung,** d. h., daß ein hilfreicher Geist den Haushalt übernimmt (wir wissen aber auch, daß das für viele Mütter Illusion ist). Deshalb: Möglichst alle Hausarbeit liegenlassen und mit dem Baby ins Bett legen! Zweitens sollte die Mutter ihr Kind so oft, wie das Kleine will, anlegen. Vielleicht trinkt das Baby auch ein wenig, wenn seine «Essenszeit» noch nicht gekommen ist. Ein Zwei-Stunden-Rhythmus wäre ideal. Auf jeden Fall kann ein Kind die Milch besser absaugen als eine Pumpe (die oft zusätzliche Schmerzen verursacht).

Beim **Anlegen** müssen zwei Dinge beachtet werden: 1. Das Kleine immer zuerst an der kranken Seite trinken lassen. 2. Versuchen, das Kind so anzulegen, daß der Unterkiefer an der betroffenen Stelle ist. Das heißt im Extremfall, daß das Kind über die Brust gehängt werden muß oder neben der Mutter liegt und seitlich trinkt. Dabei müssen dann die Väter oder jemand anders helfen, denn insbesondere das Nuckeln von oben gleicht eher einer akrobatischen Übung als einem Stillvorgang.

Den Kleinen ist es übrigens oft vollkommen egal, von wo sie an ihren Nahrungsspender gelangen, wie Julia Becker feststellte, als sie vom Fieber geschwächt, in einem Sessel mehr liegend als sitzend, die oben beschriebene Turnübung mit Unterstützung ihrer Hebamme veranstaltete: «Dieses Kind könntest du von der Decke hängen, und es würde seelenruhig weitertrinken.»

Falls das Anlegen nicht klappt, vielleicht weil die Mutter angespannt ist und der Milchflußreflex nicht funktioniert, kann **Wärme** (Sonne, Rotlicht, eine Dusche oder ein warmer Waschlappen) helfen. Verweigert die Brust auch dann ihren Dienst, so sollte sich die Mutter von ihrem Haus- oder Frauenarzt **Syntocinon-Spray** verschreiben lassen. Das Mittel ist ein Hormon, das den Milchflußreflex fördert. Nach dem Anlegen und zur Schmerzlinderung tun übrigens **kalte Kompressen oder Retterspitzumschläge** (Apotheke) gut.

Zwei Behandlungsmethoden können Frauen noch ausprobieren. Die eine heißt **Milchreduzierung** und funktioniert mit Salbei- oder Pfefferminztee (täglich etwa zwei Tassen) oder mit dem homöopathischen Mittel Phytolacca (Apotheke), von dem am besten dreimal täglich 5 Globuli (am Anfang auch zweistündlich) eingenommen werden.

Die zweite Methode dient der **Knotenreduzierung.** Sie funktioniert mit einem Öl (Oleum lactagogum, Weleda), das in der Apotheke zu kaufen ist. Damit wird die kranke Brust eingerieben – allerdings nicht Warze und Warzenvorhof, denn dann trinkt das Baby vielleicht nicht mehr: Das Öl schmeckt scheußlich!

Hilft das alles nichts, bleiben **Schmerzen und Fieber länger als 48 Stunden** bestehen, hilft nur noch der **Gang zum Arzt.** Denn das, womit Sie sich jetzt rumschlagen, ist vermutlich eine Brustentzündung, und die kann man nicht durch Selbstbehandlung heilen.

*Noch ein Wort zur Beruhigung: Sehr viele stillende Mütter leiden irgendwann in der Stillzeit an einem Milchstau, lassen Sie also den Kopf nicht hängen, wenn es Sie trifft, Sie haben nichts falsch gemacht.* Und wenn der Milchstau öfter auftritt, dann immer an der Brustseite, die nicht die Schokoladenseite ist. Auch das klingt einleuchtend, denn hier staut sich die Milch wahrscheinlich häufiger, als Ihnen recht ist, und dann genügt eine Kleinigkeit, ein Streit mit einem Nachbarn, Ärger mit einer Behörde oder einfach die größer werdenden Wäscheberge, die Sie nicht mehr sehen wollen…

## Kleidung der stillenden Mutter

Auch für die Gelegenheit des Stillens gibt es spezielle Kleidung, die Hersteller haben Sie nicht vergessen. Vor allem Still-BHs werden angepriesen. Wenn Sie sich von diesen sündhaft teuren Kleidungsstücken einige zulegen möchten: *Beschränken Sie Ihre Einkäufe zunächst auf zwei Still-BHs (höchstens eine Nummer größer als sonst, auch wenn die Verkäuferin Ihnen Monumental-BHs aufdrängen möchte), und legen Sie sich erst dann mehr zu, wenn Sie sie tatsächlich brauchen sollten.*

Die meisten Frauen benutzen Still-BHs nur in der Anfangszeit, d. h. in den ersten Monaten, und zwar in erster Linie, um das Tröpfeln aufzufangen – weniger, um die Brust zu stützen. Spätestens nach einem Vierteljahr hat die Brust wieder ihre normale Größe, und dann tropft sie nur noch selten. Und dann sind die meisten Frauen vermutlich auch die Knöpferei leid. Unermüdliche brauchen allerdings jetzt vermutlich neue Still-BHs – in ihrer normalen Größe. Die Milchmenge nimmt übrigens proportional zur kleiner werdenden Brust zu, nicht ab.

*Bustiers oder ein normaler BH,* die sich beide für das Stillen hoch- oder runterschieben lassen, können die Still-BHs ersetzen – auch von Anfang an, wenn die Brust nicht allzuviel «läuft». In Bustiers und in normale BHs können nämlich problemlos Stilleinlagen eingelegt werden.

*Falls Sie vor der Stillzeit keine BHs getragen haben, dann können Sie sie auch jetzt getrost weglassen!* Denn neueste Forschungen haben ergeben, daß die Stabilität des Busens nicht das geringste damit zu tun hat, ob ein BH getragen wird oder nicht. Ein straffer Busen hängt ganz allein vom Bindegewebe ab, und wann das erlahmt, ist vor allem erblich bestimmt.

Falls die Brust weder am Anfang noch später tropft, so brauchen stillende Mütter weder einen Still-BH noch Stilleinlagen. Wenn *Stilleinlagen* notwendig sind, empfiehlt sich Ausprobieren. Die Einmal-Einlagen aus dem Geschäft sind bei längerem Stillen sehr teuer. Eine hautfreundliche und auf die Dauer billige Alternative stellen die Woll-Seiden-Einlagen dar, die auch im Winter als Wärmeschutz und bei wunden Brustwarzen Wunder wirken. Bei sehr stark laufender Brust allerdings hilft nichts außer doppeltem Schutz aus Einmal-Einlagen und Woll-Seiden-Einlagen.

## Ernährung der stillenden Mutter

Mit großem Genuß trinkt Beate Schüler am Morgen nach der Geburt ihres Sohnes eine Tasse Kaffee. Aber schon kurze Zeit später bleibt sie ihr nachträglich fast im Halse stecken: Ja, ob sie denn nicht wisse, daß Kaffee Blähungen verursache, fragt ihre Hebamme. Tja, eigentlich schon, aber was habe das mit dem Baby zu tun?

So wie Beate Schüler sind die wenigsten Mütter darauf vorbereitet, daß sie in der Stillzeit auf ihre Ernährung achten müssen, allerdings anders als in der Schwangerschaft.

*Warum muß eine stillende Mutter auf ihre Ernährung achten?* **Stillende Mütter dürfen (im Gegensatz zu schwangeren) fast alles essen – nur keine blähenden Lebensmittel, denn die Wirkstoffe machen manchen Neugeborenen sehr zu schaffen.** Mit Kaffee, Roggen, Kohl, Hülsenfrüchten, Steinobst, Zwiebelgewächsen (Zwiebeln, Knoblauch, Lauch), schwerverdaulichen Salatsorten wie Endivien und Feldsalat sowie Schokolade sollten Sie also in den ersten Wochen ein wenig vorsichtig sein. Danach können Sie ausprobieren, d. h. jeden Tag *ein* neues Lebensmittel einführen und schauen, wie Ihr Baby in den nächsten 24 Stunden darauf reagiert. Das kann sehr unterschiedlich sein. So hat Beate Schülers Sohn den Kaffee entgegen den Warnungen der Hebamme gut vertragen, eine Scheibe Vollkornbrot allerdings verursachte bei ihrem Kind so starke Blähungen, daß sie am Morgen nach dem «Sündenfall» bei ihrem Kinderarzt vorstellig wurde, weil der Kleine einfach nicht mehr aufhören wollte zu schreien.

Die Empfehlung, riskante Lebensmittel nicht gleich in der ersten Woche zu Hause zu testen, soll Ihnen solche unangenehmen Erlebnisse ersparen.

Sie können zwar auch später vorkommen, aber dann verunsichern sie Sie nicht mehr so stark.

**Einige Kinder reagieren auch mit Wundsein auf bestimmte Lebensmittel, und zwar insbesondere auf Früchte und auf Produkte, in denen Früchte enthalten sind.** Zitrusfrüchte, zu denen auch Orangen und Mandarinen gehören, sind die schlimmsten Feinde heiler Babypopos. Doch auch hier ist (nach einiger Zeit) Probieren angesagt, denn manche Neugeborene sind die Fruchtsäure aus der Schwangerschaft gewohnt und zeigen keinerlei Reaktion.

Eine letzte Einschränkung müssen sich stillende Mütter auferlegen: *Bei Halsschmerzen sollten sie auf keinen Fall Salbei-Bonbons lutschen, da diese einen stark milchreduzierenden Effekt haben.*

## Sexualität in der Stillzeit

Es gibt gleich zwei hartnäckige Vorurteile über die Sexualität in der Stillzeit. Das eine betrifft die Empfängnisverhütung. Denn trotz aller gegenteiligen und seit Jahren immer wieder vertretenen Behauptungen: **Stillen schützt nicht vor einer erneuten Schwangerschaft!** Das beste Gegenbeispiel liefert Andrea Stürtz: Ihr erstes Kind wird zehn Monate alt sein, wenn das zweite zur Welt kommt.

*Schützt Stillen vor einer erneuten Schwangerschaft?*

Zwar gibt es viele Frauen, bei denen ein regelmäßiger Stillrhythmus den Eisprung verhindert, aber verlassen können Sie sich darauf nicht. Es genügt, daß ein Baby mal eine Stunde länger schläft, und schon ist es passiert. Die erste Periode setzt übrigens bei nicht wenigen Frauen schon etwa drei Monate nach der Geburt ein, d. h., zwei Wochen vorher hat ein Eisprung stattgefunden.

Danach dauert es allerdings oft noch einige Monate, bis der Zyklus wieder regelmäßig ist. Es können also durchaus mehr als vier Wochen zwischen zwei Monatsblutungen liegen.

Es ist also kein Verlaß auf einen nicht stattfindenden oder regelmäßigen Eisprung. Das bedeutet, daß die natürliche Empfängnisverhütung, die inzwischen eine ganze Reihe von Paaren praktizieren, für diese Zeit untauglich ist. Ebensolches gilt für die Pille, wenn auch aus einem anderen Grund: Die Hormone gehen in die Muttermilch über. Die Minipille darf ab der sechsten Woche genommen werden, wobei unbedingt auf die immer gleiche Einnahmezeit geachtet werden muß. Die Spirale sollte nicht vor der achten Woche, besser noch später eingesetzt werden. Auch das Diaphragma taugt erst ab der achten Woche etwas, und dann braucht eine junge Mutter eventuell eine andere Größe als vor der Geburt. Am sinnvollsten sind Präservative, u. a. um die Scheidenflora in den ersten Wochen und Monaten nach der Geburt nicht zusätzlich mit Sperma zu belasten. In der Kombination mit spermiziden Mitteln, die allerdings nicht vor der sechsten Woche verwendet werden sollten, sind sie ziemlich sicher.

Nun zum zweiten Vorurteil: Frauen dürfen erst nach vier bis sechs Wochen wieder Geschlechtsverkehr haben. Das trifft nur dann zu, wenn genäht wurde und die Naht noch nicht verheilt ist. *Wann ist Sexualität wieder erlaubt?* Ansonsten gilt: **Wenn der Mann Präservative verwendet und auch die Frau Lust hat, dann «dürfen» die beiden, sobald sie wollen!** Aber: Die wenigsten Frauen wollen vorher Geschlechtsverkehr, sie sind viel zu müde, viel zu konzentriert auf das Baby, und sie haben weniger Zärtlichkeitsbedürfnisse als sonst, da sie so viel mit dem Neugeborenen schmusen. Ob Stillen sogar eine sexuelle Beziehung darstellt, wie hie und da zu lesen ist, das zu beurteilen mag jeder Mutter überlassen bleiben.

## Der Willen zum Stillen

Stillen hat zwei Seiten: eine praktische und eine theoretische. Die praktische heißt Stilltechnik und kann erlernt werden. Die theoretische besteht aus einer psychischen Einstellung der Mutter, nämlich aus ihrem Willen zum Stillen. Eine Frau, die ihr Kind stillen will, nimmt es hin, öfter zu füttern als Mütter, die mit der Flasche ernähren. Sie akzeptiert, daß sie damit auch nachts öfter aus dem Schlaf gerissen wird. Sie findet es in Ordnung, daß sie nicht ersetzbar ist, und zwar kein einziges Mal. Sie protestiert nicht dagegen, daß das Stillen sie müde macht, weil es körperliche Hochleistung erfordert. Sie weiß, daß ihr Körper auch sein Gewicht dieser «Arbeit» anpaßt: Manche Frauen nehmen sehr stark ab, andere sehr stark zu.

Doch vielen Frauen fällt das schwer, insbesondere dann, wenn sie aus irgendwelchen Gründen zusätzlich stark belastet sind: sei es, daß sie mit ihrem Partner eine Beziehungskrise (siehe auch Kap. 10, S. 218 ff.) durchleben, sei es, daß sie durch das Baby in finanzielle Bedrängnis gekommen sind, sei es, daß sie schon ein oder zwei Kinder und damit keine Ruhe zum Stillen haben.

Eigentlich benötigt eine stillende Mutter Unterstützung von allen Seiten, von Menschen, die ihr Hausarbeit abnehmen und sie gelegentlich ein Erholungsschläfchen machen lassen, von einem Partner, der es gut findet, daß das Baby die Brust bekommt. Und selbst wenn das alles gegeben ist: **Stillende Mütter, vor allem wenn sie ihr erstes Kind bekommen haben, brauchen andere Frauen in derselben Situation.** Hier bieten sich Stillgruppen an, die es inzwischen in fast allen Orten gibt. Die Adressen wissen die Haus-, Frauen- und Kinderärzte sowie Mütterzentren, Familienbildungsstätten und andere Bildungseinrichtungen, die sich mit ihren Programmen an Eltern richten. Nutzen Sie diese Chance!

*Wozu sind Stillgruppen da?*

## Kapitel 4
# Das Fläschchen

Es ist noch nicht allzulange her, daß stillende Mütter von ihrer Umwelt nicht gerade mit Wohlwollen betrachtet wurden. Inzwischen hat sich die Situation umgekehrt. Wer gleich nach der Geburt oder schon nach einigen Wochen sein Baby mit der Flasche füttert, hat es schwer. Denn die Frage «Stillen oder Flaschenernährung» ist zur Glaubensfrage geworden, in die Wissen um die Gesundheit des Kindes, praktische Erwägungen und derzeit dominierende Erziehungsvorstellungen eingegangen sind.

Wer also sein Kind mit der Flasche ernährt, wird Pluspunkte bei den Großmüttern sammeln, aber Schwierigkeiten mit den gleichaltrigen Müttern haben.

**Falls Sie Ihr Kind nicht stillen wollen oder können, dann versuchen Sie, sich kein schlechtes Gewissen einreden zu lassen.** Allzu schnell stehen Sie dann unter einem permanenten Rechtfertigungsdruck. Und solch eine Belastung können Sie nach der Geburt nicht brauchen.

Es gibt viele Gründe für eine Ernährung mit der Flasche: eine schwierige Entbindung, die der Mutter die Kraft und den Willen zum Stillen nimmt, eine zu frühe Geburt, so daß das Frühchen

*Bin ich eine schlechte Mutter, weil ich nicht stillen will?*

im Brutkasten seine ersten Wochen erlebt und die Mutter nicht abpumpen kann oder will (denn es tut oft sehr weh), Krankheiten von Mutter und Kind. Und es ist durchaus möglich, daß eine Frau einfach nicht stillen möchte, weil sie ihre Unabhängigkeit braucht oder das Rauchen nicht aufgeben möchte oder aus einem anderen Grund, der für sie entscheidend ist.

*Es gibt inzwischen Stillgruppen, die auch Mütter mit Flaschenkindern aufnehmen.* Denn daß auch Frauen, die nicht stillen, andere Mütter um sich brauchen, ist leicht zu verstehen. Falls Sie nicht auf Anhieb eine solche Gruppe finden können, dann gehen Sie doch in eine herkömmliche Gruppe und versuchen Sie, die «Stillmamas» dort zu überzeugen. Falls Ihnen das nicht gelingen sollte, vielleicht weil Ihnen im Moment die Kraft für längere Auseinandersetzungen fehlt und Sie starken Widerstand spüren: Es gibt in fast allen Orten mehrere Gruppen zur Auswahl.

## Was brauchen Sie?

Ob vor oder nach der Geburt, die Ausstattung für die Flaschenernährung erhalten Sie in fast jedem Supermarkt, in vielen Kaufhäusern und in allen Babygeschäften. **Man benötigt etwa sechs bis acht große Fläschchen, genauso viele Milchsauger, zwei bis drei kleine Teefläschchen und wiederum die passenden Sauger.**

*Was brauche ich für die Flaschenernährung?*

Bei den Saugern müssen Sie drei Dinge beachten: das Material, die Form und die Lochgröße.

1. Zunächst zum Material. Was ist besser, Silikon oder Kautschuk? Die Antwort ist für die ökologisch engagierten Mütter klar: Kautschuk muß es sein. Das Material hat allerdings den

Nachteil, daß man den Dreck darin nicht so gut erkennen kann wie bei den Silikonsaugern. Doch in den ersten Monaten ist Sterilität, also absolute Sauberkeit, sehr wichtig, deshalb müssen Kautschuksauger besonders intensiv gereinigt werden. *Nach dem sechsten Lebensmonat des Babys sollten Sie auf jeden Fall Kautschuk nehmen.* Erstens ist das Kind dann weniger anfällig für Soor (siehe auch Kap. 8, S. 169 f.) als vorher, und zweitens haben die meisten Kinder in diesem Alter die ersten Zähne – die aus den Silikonsaugern Siebe machen.

2. Nun zu Form und Lochgröße. Man kann Sauger in Naturform und in Kieferform, mit großen (Milch- und Breisauger) und mit kleinen Löchern (Teesauger) kaufen. Welche Form und welche Lochgröße für Ihr Kind die richtigen sind, müssen Sie herausfinden. Denn die meisten Kinder entwickeln eine Vorliebe für eine ganz bestimmte Sorte. Bevor Sie wissen, welche das ist, kann es teuer werden, da die Kombinationsmöglichkeiten groß sind: zwei Materialsorten, zwei Formen, drei Lochgrößen, das macht zwölf verschiedene Sauger. Und von den «richtigen» brauchen Sie dann mehrere. Es gibt nur eine Variable, die Sie beeinflussen können: die Lochgröße eines Teesaugers, die sich mit einer Nadel – zumindest in einer Richtung – leicht verändern läßt.

Für die Reinigung empfiehlt sich ein **Dampfsterilisator.** Er arbeitet nach dem Prinzip des energiesparenden Dampfkochtopfs. Wenn Ihnen ein solches Gerät zu teuer ist, dann können Sie Fläschchen und Sauger auch auskochen wie viele Generationen vor uns: in einem **großen Topf** auf dem Herd.

## Pingelig sauber

«So eine Mühsal!» stöhnen viele Mütter und Väter, wenn ihnen erklärt wird, wie sie die Fläschchen reinigen müssen. Aber da hilft kein Stöhnen, die Ausstattung muß steril sein, damit das Kind keine Infektionen (insbes. Soor, siehe auch Kap. 8, S. 169 f.) bekommt. Doch ein Trost: Die meisten fläschchenanrührenden Väter und Mütter haben sich nach kurzer Zeit an «die Mühsal» gewöhnt.

*Wie sollen Flaschen und Sauger sterilisiert werden?* **Alle benutzten Teile müssen nach jedem Gebrauch zunächst mit warmem Wasser abgespült werden. Danach sollten die Sauger innen und außen mit Salz ein- bzw. abgerieben und die Flaschen sowie die Plastikteile gespült werden. Anschließend kommt alles für zehn Minuten in den Sterilisator oder in den Wassertopf.**

Während sich die meisten Sterilisatoren mit einem Piepton melden, wenn sie fertig sind, kochen Töpfe immer weiter vor sich hin: Vergessen Sie sie nicht! Zwar ist das Schmelzen des Plastiks keine Katastrophe, aber die Flaschen sind nicht mehr zu benutzen, und der Gestank hält sich mehrere Tage in der Wohnung.

Wie Sie die Einzelteile *aufbewahren*, müssen Sie von Ihrem Platz in der Küche abhängig machen. *Praktisch sind verschiedene verschließbare Behältnisse für alle Einzelteile, besonders platzsparend Flaschenkästen, die es im Babygeschäft oder im Versandhandel zu kaufen gibt.* Wichtig ist, daß die gereinigten Teile nicht stundenlang offen in der Küche herumliegen, in der vielleicht gerade etwas auf dem Herd gebraten wird. In diesem Fall müssen die Flaschen verkehrt herum (am besten auf einem Handtuch) und die anderen Teile abgedeckt aufbewahrt werden.

# Der einfache Griff ins Regal...

...wird zur Wissenschaft, wenn es um Babynahrung geht. Denn Begriffe wie hypoantigen bzw. hypoallergen, teiladaptiert und adaptiert setzen die Hersteller als bekannt voraus. Wenn Sie sich dann noch in einem Supermarkt befinden sollten, der ein breites Angebot führt, dann fühlen Sie sich vermutlich vollständig überfordert. Es ist deshalb sinnvoll, sich *vor* dem Kauf mit den verschiedenen Arten von Babynahrung zu beschäftigen.

**Im ersten Vierteljahr erhalten Kinder entweder teiladaptierte oder volladaptierte Milchnahrung (sogenannte «Pre»-Nahrung). Daneben gibt es (immer teiladaptierte) hypoantigene bzw. hypoallergene («H. A.») Milch.**

*Welche Nahrung ist die richtige?*

Die Begriffe «teiladaptiert» und «volladaptiert» weisen darauf hin, wie stark die Milch der Muttermilch angenähert ist, d. h., die volladaptierte entspricht etwa dem natürlichen Produkt. Nach jahrelangem Streit, welche der Milchsorten besser sei, können inzwischen beide bedenkenlos verwendet werden; die Hersteller müssen seit 1993 noch nicht einmal mehr darauf hinweisen, ob die Milch teil- oder volladaptiert ist.

Eltern von allergiegefährdeten Babys müssen die sogenannte «hypoantigene» bzw. «hypoallergene» Nahrung füttern. Diese Milch enthält zwar ebenfalls tierisches Eiweiß, das aber in seinen Bestandteilen so verändert wurde, daß es keine Allergien mehr auslösen kann. Wer im Krankenhaus entbindet, erhält vermutlich in jedem Fall hypoantigene bzw. hypoallergene Milch für sein Kind, auch wenn es keine familiären Anlagen für Allergien gibt. Verträgt das Baby die Milch gut, so können Sie sie ruhig weiterfüttern.

*Ob hypoantigen bzw. hypoallergen, teiladaptiert oder volladaptiert, alle Pre-Sorten können Sie nach Bedarf geben, also sooft Ihr Kind Hunger hat.* Da diese Milch nicht so kohlehydratreich ist wie die Folgemilch, besteht nicht die Gefahr der Überfütterung. Und den Vier-Stunden-Rhythmus, den noch unsere Mütter eingetrichtert bekamen, vergessen Sie bitte so schnell wie möglich. Auch die Kinder damals konnten sich nicht daran gewöhnen, man ließ sie eben schreien.

*Auf keinen Fall sollten Sie Ihrem Neugeborenen Folgemilch geben.* Die ist für so kleine Kinder zu schwer verdaulich und viel zu kohlehydratreich. Auf Folgemilch dürfen Sie erst umsteigen, wenn Ihr Baby mit der Pre-Milch gar nicht mehr satt wird (möglichst erst nach drei Monaten). Und bevor Sie zur neuen Nahrung greifen: Versuchen Sie doch erst einmal, Ihr Kleines öfter zu füttern. Wenn Sie zu früh Folgemilch geben, ist es sehr wahrscheinlich, daß Ihr Baby zu schnell zunimmt. Und wer will schon ein dickes Kind…

*Kann ich Leitungswasser verwenden?* **Ob Ihr Leitungswasser für Babynahrung geeignet ist, das erfragen Sie am besten bei der örtlichen Gemeindeverwaltung. Wenn nicht, dann sollten Sie taugliches Mineralwasser kaufen.** Lassen Sie sich in Ihrem Getränkeladen entsprechendes Wasser zeigen; es muß weniger als 10 mg Nitrat und darf höchstens 20 mg Natrium enthalten. Die genauen Werte finden Sie auf den Etiketten ebenso wie den Hinweis: «Geeignet zur Zubereitung von Baby- und/oder Säuglingsnahrung.»

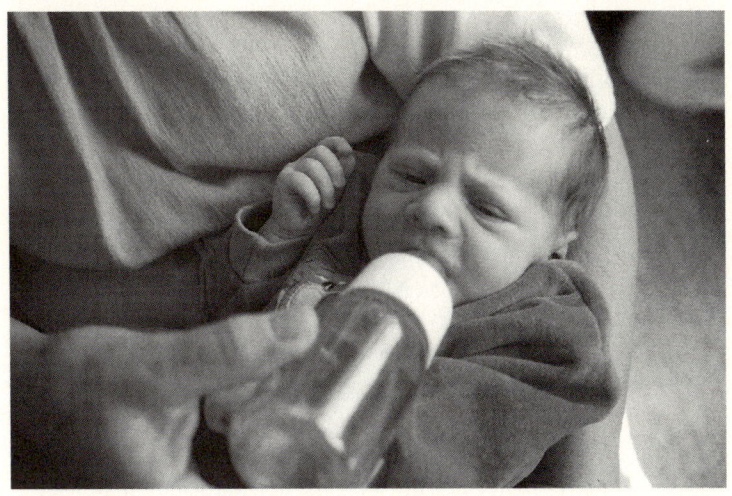

Manchmal gewöh-
nungsbedürftig:
das Fläschchen

## Wieviel Fläschchen braucht das Kind?

Flaschenkinder trinken tatsächlich seltener als Stillkinder, das ist kein Märchen. Das hängt damit zusammen, daß die industrielle Nahrung anders zusammengesetzt ist als die Muttermilch.

**Ein Säugling benötigt etwa fünf bis sechs Fläschchen in vierundzwanzig Stunden, vielleicht in den allerersten Wochen etwas mehr, weil der Magen noch sehr klein ist.**

*Wieviel Fläschchen braucht ein Neu-geborenes am Tag?*

**Die Menge Milch pro Fläschchen kann von Baby zu Baby sehr unterschiedlich sein: von 60 Milliliter bis 180 Milliliter pro Mahlzeit.** Beide Werte stellen Extreme dar, deshalb sollten Sie ausprobieren, wieviel Ihr Baby tatsächlich braucht.

*Wieviel Milliliter muß ich dem Baby füttern, damit es satt wird?*

## Und sonst nichts?

*Braucht es zusätzlich Tee?* **Wenn es sehr heiß ist, dann sollten Sie Ihrem Kind nach dem Füttern und auch mal zwischendurch Tee (Kräutertee, am besten Fenchel) anbieten.** Manche Kinder mögen ihn, manche nicht, das zeigt sich bald. Sicher ist, daß ein Baby davon nicht zunimmt… Das gilt natürlich nicht für Fertigteeprodukte mit Zucker, an die Sie Ihr Kind auf keinen Fall gewöhnen sollten. Denn die zahnschädigende Wirkung der Zucker-Nuckelei ist bereits seit Jahren nachgewiesen und von Gerichten als Grund für Entschädigungszahlungen anerkannt.

*Wie gebe ich einem Flaschenkind die Vitamin-D-Tablette?* Die letzte Position auf der Einkaufsliste junger Eltern ist die Vorratspackung Vitamin-D-Tabletten (mehr darüber in Kapitel 8, S. 177 f.). **Flaschenkinder schlucken sie anstandslos, wenn man (täglich) eine Tablette vorn in den Sauger einer Milchflasche hineinlegt und das Kind nuckeln läßt.**

## Ganz so leicht ist das Fläschchen nicht fertig

Die Hersteller haben es den rührenden Vätern und Müttern scheinbar recht leicht gemacht. Man nehme Wasser und Milchpulver, und schon ist das Fläschchen fertig, so zumindest klingt es in den Werbeversprechungen. Doch die Eltern müssen auf einiges achten, damit die Milch die richtige Zusammensetzung und die richtige Temperatur hat:

1. In welchem Verhältnis Milch und Wasser gemischt werden müssen, das ist von Produkt zu Produkt verschieden. Da bleibt nur, die Packungsbeschreibung genau zu studieren.
2. Beim Erwärmen empfiehlt es sich, die Angaben der Hersteller zu berücksichtigen. Das

Wasser wird auf 100° Celsius erhitzt, und man läßt es danach auf ca. 50° Celsius abkühlen, bevor man die Milch hineingibt. Doch woher soll man wissen, ob die Milch 45° Celsius oder 55° Celsius hat? Die Temperatur läßt sich mit einem Thermometer messen – oder auch nicht. Denn es genügt, wenn man mit dem Finger (mit einem sauberen, bitte) testet, ob das Wasser so weit abgekühlt ist, daß man hineinfassen kann. Und ob die Milch dann nach dem Anrühren Trinktemperatur hat, das fühlt man mit dem Finger oder mit der Handgelenkinnenseite (einige Tropfen darauf geben): angenehm warm soll sie sein.

3. Auf keinen Fall darf das Milchpulver in das kochende Wasser gegeben werden: **Sonst werden die wertvollen Eiweiße zerstört.** Das geschieht bei niedrigeren Temperaturen nicht.

*Warum muß das abgekochte Wasser für die Flaschenernährung erst abkühlen?*

4. Auch den Warnhinweis, die auf Vorrat bereitete Nahrung weder im Kühlschrank noch draußen stehenzulassen, sollte man beachten: **Die angerührte Milch verliert schnell an Nährstoffen.**

*Warum darf ich keine Flaschen vorbereiten und lagern?*

5. **Da Milchreste und vorbereitete Milch (siehe oben) – insbesondere in geheizten Zimmern – einen Bakterienherd darstellen, dürfen sie auf keinen Fall aufgewärmt werden.**

*Darf ich Milchnahrung auf dem Herd oder in der Mikrowelle aufwärmen?*

Jedesmal neu abkochen, abkühlen lassen, anrühren und testen, das alles läßt das Zubereiten der Milch zu einer zeitraubenden Beschäftigung werden. Das muß nicht sein. *Findige Mütter und Väter haben eine besonders arbeitsparende, schnelle Art und Weise des Anrührens erfunden, die alle Nährstoffe erhält und auch sonst alle Vorschriften berücksichtigt:*

Kochen Sie am Morgen Wasser ab, und füllen Sie es in eine Thermoskanne. Dann nehmen Sie pro Fläschchen die entsprechende Menge, die spätestens mittags direkt trinkfertig ist und vorher nur ein bißchen abkühlen muß (was man beschleunigen kann, wenn man das Fläschchen in einen großen Becher mit kaltem Wasser stellt). Hierhinein rühren Sie das Milchpulver. Schneller geht es nicht.

## Blähungen und Verstopfung

Leider verursacht die industrielle Nahrung aus mehreren Gründen eher Blähungen und Verstopfung als Muttermilch:

*Leiden Flaschenkinder häufiger an Blähungen und Verstopfung als Stillkinder?*

1. **Flaschenmilch ist wegen ihrer Zusammensetzung schwerer verdaulich als Muttermilch und verursacht deshalb Blähungen.** Hier helfen alle Mittel, die Eltern, Hebammen und Ärzte gesammelt haben (siehe Kapitel 7). Was Ihr Baby von den Blähungen verschont, das müssen Sie ausprobieren. Häufig hilft Fencheltee – wenn ihn das Baby trinkt. Da aber viele Neugeborene den Geschmack nicht mögen (wer kann ihnen das verdenken?), gibt es einen Trick: Bereiten Sie die Milch mit Fencheltee zu.

2. **Der zweite Grund für die häufigen Blähungen von Flaschenkindern ist die Luft, die sie beim Trinken schlucken.** Denn das Nuckeln am Sauger, der nicht ganz dicht «schließt», läßt Babys viel Luft schlucken. Außerdem machen Flaschenkinder häufig eine Trinkpause, und wenn sie neu anfangen, kommt wieder Luft in den Bauch. Darüber hinaus ist im Schaum, der beim Schütteln entsteht, viel Luft (deshalb den Schaum abschöpfen!).

**Flaschenmilch produziert auch eher Verstopfung als Muttermilch, da der Stuhlgang von festerer Konsistenz als bei Stillkindern ist.** (Er kommt deshalb auch seltener – wie schön! –, riecht aber unangenehmer – weniger schön…) Das einfachste Mittel dagegen ist wiederum Fencheltee.

## Spucken und Schluckauf

Viele Kinder spucken stark, nachdem sie ein Fläschchen getrunken haben. Es gibt verschiedene Ursachen für das vermehrte Spucken:

1. Das Baby hat **zuviel getrunken** und reagiert mit Spucken.
2. Das Kind verträgt die **Milchsorte** nicht, vielleicht wegen eines Inhaltsstoffes, vielleicht weil sie ihm nicht schmeckt. Hier hilft nur Ausprobieren.
3. Wenn das Spucken erst nach einer Stunde und in einem großen Schwall passiert, dann ist es möglich, daß das Baby an einem **Magenpförtnerkrampf** leidet. In diesem Fall muß es zum Kinderarzt.

*Warum spucken Flaschenbabys häufiger als Stillbabys?*

Das Bäuerchen stellt übrigens ein – wenn auch begrenzt wirksames – Mittel gleich gegen drei Plagen dar, die Flaschenkinder quälen: **Es hilft gegen die durch Luft entstandenen Blähungen, gegen das Spucken und gegen den Schluckauf.**
     Denn auch der «Hicks» überfällt die Kleinen eher, wenn sie überflüssige Luft nicht loswerden können. **Hat sich der Schluckauf festgesetzt, dann nützt vor allem nochmaliges Trinkenlassen.** Häufig sind die Babys schon nach wenigen Schlucken wieder ruhig und zufrieden.

*Warum sollen Flaschenbabys unbedingt «Bäuerchen» machen?*

*Was kann man gegen Schluckauf tun?*

Kapitel 5
# Der Schlaf

Schlafen ist für Erwachsene so selbstverständlich wie Essen, sie brauchen in der Regel ein Bett, Ruhe und Dunkelheit. Für Neugeborene sieht das anders aus. Ihnen ist es egal, ob es draußen dunkel ist oder nicht, sie benötigen vor allem die Nähe der Eltern. Sie scheren sich auch nicht darum, ob die Eltern vielleicht gerade selber im Bett liegen und schlafen wollen, im Gegenteil, die Kleinen finden das meist gemütlich. Babys interessiert es auch nicht, ob sie in einem Bett liegen oder nicht, Hauptsache es ist warm. Ihnen ist es darüber hinaus gleichgültig, ob Ruhe herrscht oder nicht, nein, sie lieben sogar bestimmte Geräusche beim Einschlafen. Und es ist ihnen gleichgültig, was die Uhr schlägt: **Neugeborene schlummern ein, zwei, drei oder vier Stunden, und dann wollen sie etwas zu essen, frische Windeln und ein bißchen Unterhaltung.**

*Wie lange schläft ein Baby?*

Bei den meisten Kindern dauert es ein bis zwei Jahre, bis sie gelernt haben, so zu schlafen wie die Erwachsenen, also nachts durchgehend acht, neun, zehn oder mehr Stunden.

Am Anfang können Eltern also nur Geduld haben, was manchmal schwerfällt, wenn die Nächte aus Zwei-Stunden-Portionen bestehen, und das über viele Monate weg. Sie können aber dem Neugeborenen ideale Bedingungen für das Schlafen schaffen, so daß das Kleine zumindest stundenweise ohne Unterbrechung schlummert.

## Das rechte Plätzchen zum Schlafen

*Unmittelbar nach der Geburt ist das Baby am besten in der Nähe der Mutter aufgehoben, d. h. in der Klinik in einem Bettchen in ihrem Zimmer und zu Hause im Elternschlafzimmer.* Das hat mehrere Gründe: Zum einen können Eltern sicher sein, daß sie ihr Baby hören, wann immer es sie braucht. Zum andern ist es praktisch, wenn man für das Füttern nachts nicht durch die Wohnung wandern muß, sondern das Baby in der Nähe hat. Das gilt für das Stillen ebenso wie für das Füttern mit der Flasche (wenn man sich abgekochtes Wasser und Milchpulver bereitstellt).

Ein Kinderzimmer ist im ersten halben Jahr einfach überflüssig, und wer vorhat, sein Kleines

Erholung
für Eltern und
Kind …

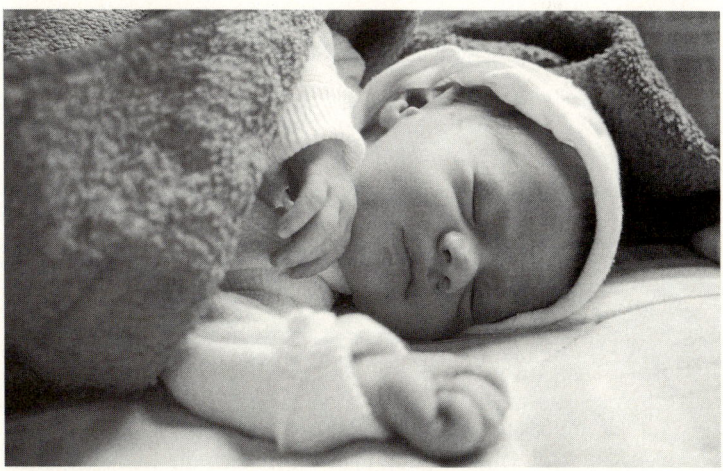

länger im Elternschlafzimmer zu lassen, der braucht es auch danach noch nicht (denn Kinder spielen in den ersten Jahren sehr selten allein im Kinderzimmer, sie ziehen die Nähe der Mutter oder des Vaters vor).

*Ob ein Neugeborenes im Elternbett schlafen darf oder nicht, das müssen Vater und Mutter gemeinsam entscheiden.* Denn manchen stört ein Dritter – und ist er noch so klein – im großen Bett, mancher empfindet es als besonders kuschelig, wenn sich die ganze Familie zum Schlafen versammelt. Vor zwei Dingen brauchen Sie auf jeden Fall keine Angst zu haben: Erstens, daß Sie Ihr Baby erdrücken, denn hier hat Mutter Natur einen Riegel vorgeschoben, Eltern fallen instinktiv eher aus dem Bett, als daß sie sich auf ihr Kind legen. Falls Sie sich in einem Bett, das Sie vor der Familienphase gekauft haben und das deshalb jetzt etwas klein ist, doch einmal auf ein Ärmchen legen sollten, dann passiert höchstens folgendes: Ihr Kleines schreit, aus Pappe ist es nicht gemacht, und so wird es keine bleibenden Schäden davontragen. Zweitens brauchen Sie nicht zu befürchten, daß Sie Ihr Baby nie mehr aus dem Elternbett herausbekommen, wenn Sie es in den ersten Wochen und Monaten bei sich haben. Diese letzte Warnung tönt allen Müttern und Vätern in den Ohren – und mancher Artikel über Kindererziehung wiederholt die Prophezeiung auch heute noch –, doch die Erfahrungen von Eltern widersprechen dem. Ein Baby kann man in den ersten Monaten ganz einfach nicht verwöhnen. Denn das würde voraussetzen, daß es systematisch handelt – was nicht zutrifft. Wird das Kleine älter, dann allerdings können die Warner manchmal recht behalten, dann gewöhnen sich die Babys nämlich an Vaters und Mutters Nähe, und es kann einige Zeit dauern, bis die Großen wieder ohne Kind schlafen dürfen.

Viele Eltern genießen allerdings das gemeinsame Schlafen und haben sich ein sogenanntes Familienbett eingerichtet, d. h. so viele Schlafmöglichkeiten nebeneinandergestellt, daß alle immer Platz finden. Falls Sie das vorhaben, so können Sie damit also bedenkenlos in den ersten Tagen beginnen. Ihr Baby wird sich vermutlich kaum dagegen wehren.

Ausnahmen bestätigen auch hier die Regel. Es gibt einige wenige Neugeborene, die am besten allein in einem separaten Zimmer schlafen. Ob Ihr Baby zu diesen Sonderfällen zählt, das müssen Sie ausprobieren. Meistens haben solche Kinder einen besonders leichten Schlaf, der schon durch leiseste Geräusche und Bewegungen gestört werden kann. In solchen Fällen werden aus (im Elternbett) außerordentlich unruhigen Kindern wahre Lämmchen, die auf einmal viele Stunden am Stück schlafen.

**Manche Neugeborene brauchen einige Tage Mutters Wärme und schlafen nur in ihrer Armbeuge ein, und in den nächsten Tagen werden sie unruhig, sobald sich ihnen jemand nähert:** Dann wollen sie allein in ihrem Bettchen liegen.

*Machen Sie am besten keine allzu starren Pläne über das Schlafen mit Ihrem Kind.* Denn häufig lassen die Babys den Eltern keine Wahl, ob die Großen mit oder ohne Anhang im Bett ihre Nacht verbringen. **Die meisten Neugeborenen verlangen nachts nach Vater und Mutter. Der Grund ist, daß sie schlechter und unruhiger schlafen als die Erwachsenen.** Und dafür gibt es verschiedene Ursachen.

*Schläft es besser bei den Eltern im Bett oder allein?*

*Warum schlafen Neugeborene (vor allem nachts) so unruhig?*

1. **Neugeborenen fehlt die Geräuschkulisse aus Mutters Bauch, wo die Aorta, der Magen, die Lunge ständig «Lärm» machten, und sie vermissen die Wärme und Nähe, die das Dasein als Embryo automatisch mit sich brachte.** Manche Neugeborene schlafen deshalb am besten auf dem Bauch von Mutter oder Vater ein, weil sie dort den Herzschlag fühlen, die Atmung hören und zumindest von außen die Wärme und Nähe des menschlichen Körpers spüren. Anschließend schlummern sie am besten in der «Besucherritze» weiter.

2. **Säuglinge leben ihre Schlafphasen viel intensiver aus als die Großen.** In den Tiefschlafphasen rührt sich das Baby kaum, und auch seine Atmung ist nicht zu hören. Doch in den Traumphasen (den sogenannten REM-Phasen, rapid-eye-movement-phases), da seufzt, weint und jammert das Kleine, es atmet heftig, seine Augen bewegen sich und sind manchmal sogar geöffnet.

   Erst-Eltern reagieren häufig hilflos auf dieses Gezappel. Braucht ihr Baby sie jetzt oder nicht? Solange es nicht schreit, sollte man es unbedingt in Ruhe lassen. Wer das Kleine dann z. B. hochnimmt, der weckt es tatsächlich auf. Das einzig Sinnvolle ist, dem Baby über den Kopf zu streicheln. Das beruhigt die kleinen Zappler ungemein, und die Eltern haben das Gefühl, nicht nur zuzuschauen, wie sich ihr Kind vermeintlich im Schlaf herumquält.

3. **Viele Kinder haben nachts Blähungen, nicht so stark, daß sie davon wach werden, aber doch heftig genug, um ihnen die Ruhe zu nehmen.**

Ganz, ganz selten, falls die Eltern nicht selber schlafend danebenliegen, können sie etwas sehr Schönes beobachten: Dann lächelt ihr Kleines selig. Wer weiß, wovon es da gerade träumt... Das werden auch die Wissenschaftler nie erfahren.

## Wie man es bettet...

...so schläft das Baby. Und erstaunlicherweise schlummert es, sofern es nicht zwischen Mama und Papa liegt, keinesfalls am besten in einem der schönen, großen, teuren **Gitterbettchen,** die so vollmundig angepriesen werden. Neugeborene lieben es kuscheliger, enger, denn so sind sie es aus Mutters Bauch gewohnt.

*Was braucht ein Säugling zum Schlafen?*

Angepriesen werden hierfür **Wiegen und Stubenwagen,** die tatsächlich gute Dienste leisten und auch praktisch sind, weil man sie problemlos in der ganzen Wohnung herumschieben kann. Aber: Sie sind ein sehr kostspieliges Vergnügen, das allenfalls ein halbes Jahr anhält, weil die Klei-

*Das Baby schläft fast überall*

nen dann herausgewachsen sind. Deshalb sollten Eltern, die auf Wiege oder Stubenwagen nicht verzichten wollen, versuchen, diese gebraucht zu kaufen oder zu leihen (z. B. über einige Öko-Versender). Praktische, billige und empfehlenswerte Alternativen stellen der **Tragekorb des Kinderwagens** oder ein großer **Weiden-Wäschekorb** dar.

Gleichgültig, worin Sie Ihr Baby betten, es sollte auf einer **Schaumstoffmatratze,** die auch aus zugeschnittenem Schaumstoff bestehen kann, liegen.

Ein **Laken** kann man sich sparen, wenn man ein **Babyfell** auf die Matratze legt. *Obwohl ein Babyfell nicht gerade billig ist: Gönnen Sie Ihrem Kind diese Wohltat.* Denn die Schafwolle ist wärmeregulierend, d. h. im Winter wärmend und im Sommer kühlend. Wie sehr Babys solch ein Fell lieben können, zeigt die inzwischen vierjährige Lea. Sie hatte sich so an ihre Schlafunterlage gewöhnt (vor allem an den Geruch), daß ihre Eltern reisen konnten, wohin sie wollten, Hauptsache, das Fell kam mit. Dann schlief die kleine Lea überall wunderbar. Allerdings durfte das gute Stück auch bei Reisen nicht vergessen werden…

Wer eine **Decke** für ein Neugeborenes erstehen will, der staunt. Denn das, was ihm oder ihr da angeboten wird, das ist einfach ein teures Kopfkissen für einen Erwachsenen. Jeder Verkäufer wird das bestreiten, aber beim Vergleichen läßt sich kein Unterschied entdecken. Deshalb kann man einfach ein vorhandenes, je nach Jahreszeit dickes oder dünnes Kopfkissen und einen passenden Bezug nehmen – und viel Geld sparen. Nur auf eines sollte man achten: daß das Kissen nicht zu schwer ist, damit das Baby, falls es einmal darunterrutscht, nicht erstickt. Im Hochsommer empfiehlt sich einfach eine Babydecke aus Wolle oder Baumwolle, die man mit einem Kopfkissenbezug beziehen kann. Einen **Schlafsack** brauchen Neugeborene **noch nicht,** da sie noch nicht in der Lage sind, sich allzuviel im Bett zu bewegen. Nach einem halben Jahr sieht das übrigens oft anders aus. Denn dann zappeln viele im Bett herum, und nur noch ein Schlafsack kann verhindern, daß sie jede Nacht entweder auf oder unter der Decke verbringen.

Ein Neugeborenes braucht **kein Kissen,** im Gegenteil, es besteht die Gefahr, daß es darin erstickt. Am sinnvollsten ist ein Moltontuch oder eine Mullwindel (fest unter die Matratze gesteckt), um die Spuckreste von Fell und/oder Matratze abzuhalten.

Ob Philosophie oder nicht, ob anthroposophische Weltsicht oder nicht, Babys lieben einen **Betthimmel,** am besten innen rosa und außen hellblau, also mit der Farbe des Mutterbauches (so die Anthroposophen). Ein Himmel ist schön anzusehen, verdunkelt ein bißchen und hält Zugluft ab. All das beruhigt.

## Bauch oder Rücken?

Eifrige Zeitungsleser wissen zumindest schon einmal die Hälfte der Titelfrage: Einen Säugling darf man auf keinen Fall auf den Bauch legen, denn dann ist er eher gefährdet, am plötzlichen Kindstod zu sterben. Erstaunlicherweise ist die Erkenntnis noch nicht in alle Kliniken vorgedrungen. Immer noch werden manche Neugeborene auf den Bauch gebettet.

Auf dem Rücken sollen die Kleinen aber auch nicht liegen, denn insbesondere Neugeborene spucken häufig einige Zeit nach dem Trinken, und daran können sie im schlimmsten Fall ersticken.

*Welche Lage ist die richtige?* **Die zur Zeit empfohlene Lage ist die Halb-schräg-Lage.** Dabei liegt das Kind auf der Seite, aber nicht so senkrecht, daß es auf den Bauch umkippen kann. Und damit es nicht auf den Rücken rollen kann, legt man am besten eine Handtuchrolle in Babys Rücken.

Die Halbschräg-Lage hat noch einen Vorteil. Sie fördert die korrekte Beinstellung, was bei der Bauchlage nicht gegeben ist. Orthopäden und Kinderärzte sind sich also in dieser Frage einig.

Aber was kann ich tun, wenn mein Kind einfach nicht auf der Seite liegen will? Da gibt es zwei Möglichkeiten: Wenn Ihr Baby seinen Kopf spontan drehen kann (nicht alle Neugeborenen beherrschen das), dann dürfen Sie das Kleine auch auf den Bauch legen. Wenn Babys Kopf allerdings noch zu schwer ist für selbständige Bewegungen, dann bleibt Ihnen nichts anderes übrig, als das Kleine immer wieder in die Halbschräg-Lage zu bringen, sobald es sich auf den Bauch gelegt hat. Sonst besteht die Gefahr des Erstickens an Erbrochenem.

Noch ein Verbot gibt es für die Bauchlage: *Wenn ein Neugeborenes an einem Infekt der Atemwege leidet, dann darf es unter keinen Umständen auf den Bauch gelagert werden.* Denn die ohnehin eingeschränkte Atmung noch weiter zu erschweren, das grenzt an Quälerei.

Bei der Halbschräg-Lage müssen Sie eine Kleinigkeit beachten. Sie sollten Ihr Neugeborenes immer abwechselnd auf die eine und dann auf die andere Seite legen. Sie können das auch mal vergessen, aber wenn Sie den Wechsel regelmäßig versäumen, kann Ihr Baby einen verformten Kopf bekommen. Die Knochen sind noch weich, und werden sie immer nur von einer Seite belastet, entwickeln sie sich nicht gleichmäßig.

## Psst, das Kleine schläft!

Nein, Sie müssen nicht auf Zehenspitzen gehen und sich nur noch flüsternd unterhalten, wenn Ihr Kind in der Nähe schlummert. Im Gegenteil: **Babys lieben es, Stimmen und die normalen Geräusche eines Haushalts zu hören, wenn sie schlafen, das beruhigt.** Es erinnert an die Geräuschkulisse im Mutterbauch, dort herrschte nie Ruhe. Und alle Geräusche, die dem Pulsieren der Aorta und den Aktivitäten des Magen-Darm-Traktes ähneln, vermitteln Geborgenheit. So schlafen Kinder gerne, wenn nebenan der Staubsauger tönt, sie werden ruhig, wenn die Dunstabzugshaube arbeitet, und manches Blähungskind hört nur dann auf zu schreien, wenn die Eltern den Fön anstellen.

*Wie leise muß ich sein, wenn mein Baby schläft?*

Ganz im Gegensatz zum Erwachsenen lieben Kinder also «Krach». Das geht sogar so weit, daß Babys, deren Eltern alle Geräusche vermeiden, wenn es schläft, als Kind und später als Erwachsener extrem geräuschempfindlich werden.

Es gibt eigentlich nur eine einzige Situation, in der die Kleinsten es tatsächlich etwas ruhiger mögen: wenn sie gerade einschlafen, und das geht meistens schnell.

## Das Schlaflied

Ob Spieluhr oder Wiegenlied, viele Eltern singen oder spielen schon ihren Neugeborenen etwas vor. Nicht umsonst übrigens: **Es gibt kaum ein Baby, das nicht mit Wohlgefallen darauf reagiert.** Auch Eltern, die im Musikunterricht eher zu den

*Schlafen Neugeborene besser ein, wenn ihnen etwas vorgesungen wird?*

schwachen Lichtlein gehört haben, werden hier Glanzstunden erleben, weil ihr Schreihals plötzlich ganz ruhig wird.

Häufig gehören die Lieder zum Einschlafen. Und so gewöhnen manche Eltern schon die Allerkleinsten an die Zeremonie: Lied und Bett, das bedeutet Schlafen. Man kann sich darüber streiten, ob ein Neugeborenes das bereits begreift. Aber wenn Eltern die Einschlafzeremonie konsequent beibehalten, verstehen Babys im Laufe des ersten Lebensjahres tatsächlich den Zusammenhang. Das merkt man daran, daß sie das Ritual selber einfordern, indem sie schlechter einschlafen, wenn ihnen ihr Schlaflied vorenthalten wird.

## Der Schnuller

Wie so viele Dinge beim Kinderkriegen und Kinderhaben ist das Schnullergeben oder -verweigern Teil einer ganz bestimmten Weltanschauung. Da gibt es Eltern, die ihn aus zahlreichen praktischen Erwägungen sehr bereitwillig ihrem Baby reichen. Und dann gibt es Eltern, die die ersteren zu Rabenmüttern und -vätern erklären, die den Kleinen mit dem Schnuller «nur das Maul stopfen wollen». Das sind die Extrempositionen, für die beide Seiten ihre Gründe haben.

*pro* Zunächst die praktischen Erwägungen der *Schnuller-Befürworter:* Ein Säugling heißt nicht nur zufällig so, er hat tatsächlich ein angeborenes, sehr starkes Saugbedürfnis, das er (und sie) so oft und soviel wie möglich befriedigen möchte. Das Saugbedürfnis hat einen ganz praktischen Grund, und das ist die Nahrungsaufnahme, die ein Säugling nicht erlernen muß, sondern die er von Geburt an beherrscht.

Das Saugbedürfnis ist besonders stark, wenn ein Baby Hunger hat und wenn es einschlafen möchte. Deshalb können viele Säuglinge besser zur Ruhe finden, wenn sie einen Schnuller bekommen. (Ganz abgesehen davon, daß mancher Vielfraß sich vielleicht eine halbe Stunde von der Brust fernhalten läßt.)

*Braucht ein Baby einen Schnuller zum Schlafen?*

Wenn ein Neugeborenes keinen Schnuller bekommt, dann ist es möglich, daß es sich irgend etwas anderes sucht, denn Saugen möchte es auf jeden Fall. Im günstigsten Fall lutscht das Kleine an einem Bettzipfel herum, im ungünstigsten am Daumen. Wenn es sich daran gewöhnt, dann besteht die große Gefahr, daß sich später die Zähne verformen. Die heutigen Schnuller hingegen sind kiefergerecht geformt und hinterlassen keine bleibenden Spuren.

Nun zu den *Gegnern des Schnullers:* Sicher haben sie nicht ganz unrecht, viele Eltern geben ihren Kindern den Schnuller viel zu schnell und viel zu oft, weil die kleinen Schreihälse damit sehr

*kontra*

Umstritten, aber beruhigend: der Schnuller

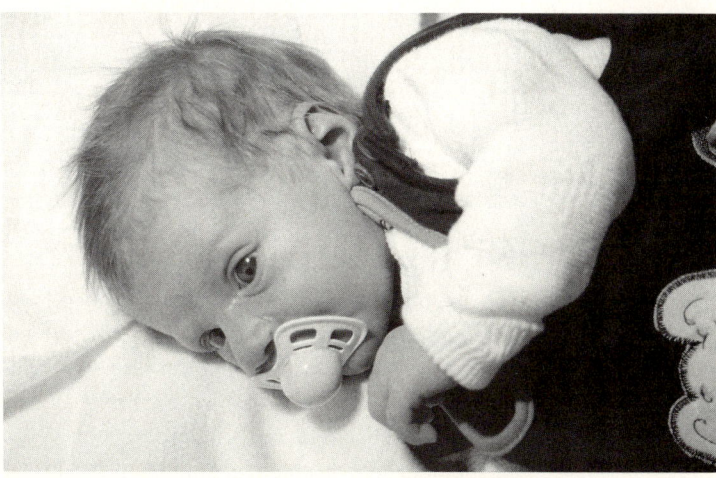

einfach ruhigzustellen sind – auch wenn die Kleinen in diesem Moment vielleicht etwas anderes bräuchten. Nicht von ungefähr hieß der Schnuller früher Tröster. In manchen Ratgebern findet sich sogar der Hinweis, daß Eltern den Schnuller für die Situationen bereithalten sollen, in denen sie selber keine Zeit für ihr Baby haben. Die Autoren übersehen, daß es Kinder mit einem solch immensen Saugbedürfnis gibt, daß sie ohne Schnuller ihre Eltern einfach immer und ständig in Beschlag nehmen würden. Doch das kann niemand von Müttern und Vätern erwarten.

Die Gewöhnung an den Schnuller hat aber noch einen Nachteil, der unabhängig von der Weltanschauung eine Tatsache darstellt: Schnullerkinder verlangen oft noch jahrelang vor allem nachts ihren «Lollo», «Schnulli», «Eititi» oder wie auch immer das kleine Ding heißen mag. Und so manch geplagtes Elternpaar ist schon nachts durch die Wohnung gekrochen und hat das unersetzbare Stück gesucht...

## Rhythmus

Einen Unterschied zwischen Tag und Nacht kennen Neugeborene noch nicht. Im Mutterbauch war es immer dunkel, die Nahrung kam regelmäßig, Geräusche gab es ständig zu hören.

Die kleinen Menschen müssen also erst lernen, sich an einen Tag-Nacht-Rhythmus zu gewöhnen. Wie schnell das geht, das hängt von den Eltern ab. Aber auch wenn sich Vater und Mutter vorbildlich verhalten, ist das keine Garantie für baldiges Durchschlafen. Manche Kinder wachen noch nach einem Jahr nachts regelmäßig auf, während andere bereits nach einer Woche durchgehend acht Stunden schlafen.

## Das nächtliche Vorbildverhalten

Die meisten Erwachsenen benötigen keine Anleitung, wie sie sich nachts verhalten sollen, wenn ein Baby in der Nähe ist. Sie sind müde, liegen im Bett und wollen schlafen. Grelles Licht und laute Geräusche stören sie. Genauso geht es einem Neugeborenen (das allerdings im Gegensatz zu den Großen eine gleichmäßige Geräuschkulisse durchaus als angenehm empfindet). Eltern sollten also keinen Budenzauber veranstalten, um ihr Baby zu beruhigen oder zu beschäftigen, denn das bewirkt genau das Gegenteil.

**Verhalten Sie sich nachts ruhig, sprechen Sie möglichst wenig, am besten gar nicht, stellen Sie sich ein gedämpftes Licht neben das Bett, stillen Sie am besten im Liegen, und verzichten Sie nach dem Füttern und Wickeln auf jede Art von Schmusen oder Spielen – und auf das Bäuerchen!** Und wenn Ihr Kleines Sie mit weit geöffneten Augen erwartungsvoll anblickt, dann löschen Sie trotzdem das Licht, damit das Baby merkt, daß jetzt keine Spielstunde ist. Das sollten Sie konsequent durchhalten. Denn viele Schlafprobleme kommen von den berühmten Ausnahmen, da genügt es, daß Sie ein einziges Mal um vier Uhr morgens das Rasselchen holen. Sie können sich sicher sein, daß Ihr Kleines das in den nächsten Nächten einfordern wird. Und es wird Sie einige Zeit kosten, bis Sie dem Baby klargemacht haben, daß das Rasselchen jetzt stillbleiben soll.

*Wie bringe ich meinem Kind einen Tag-Nacht-Rhythmus bei?*

## Wer dominiert hier wen?

Für viele Erwachsene stellt das, was jetzt kommt, eine Provokation dar, denn sie sind es nicht gewohnt, daß ihnen jemand etwas diktiert (mit Ausnahme des Chefs): *Richten Sie sich nach dem Rhythmus des Neugeborenen!* Wenn es Ihnen gelingt, diesen Satz ernst zu nehmen, können Sie sich viel «Frust» ersparen.

Ein neuer kleiner Mensch kann sich noch niemandem anpassen. Wenn er Hunger hat, will er essen, wenn er müde ist, will er schlafen, und wenn ihm langweilig ist, will er beschäftigt werden. Eltern, die versuchen, diese Bedürfnisse in irgendeiner Form zu lenken, werden scheitern und müssen sich manchmal stundenlanges Geschrei anhören.

Wenn Sie sich z. B. vornehmen, um Punkt zehn Uhr mit einem Freund oder einer Freundin zu telefonieren, um elf Uhr die Wäsche aufzuhängen und um zwölf Uhr Essen zu kochen, dann klappt mit Sicherheit allenfalls die Hälfte davon.

Deshalb noch einmal: Richten Sie sich nach dem Rhythmus des Kindes! Versuchen Sie nicht, Ihr Kleines in Ihren vor der Geburt gelebten Alltag zu integrieren, sondern nutzen Sie die Zeit, die Ihnen das Baby läßt!

# Kapitel 6
# Nähe

Annette Betz war dann doch überrascht. Zwar hatte sie von Müttern gelesen, die ihre Kinder immer im Tragetuch bei sich haben, und über Kinder, die ständig die Nähe der Eltern suchen. Aber was das wirklich bedeutet, das erfuhr sie erst nach der Geburt ihrer Tochter: Es hieß 24 Stunden Präsenz eines anderen Menschen. Niemand war vorher so beständig um sie herum gewesen. Noch nicht einmal ihr Freund – mit Ausnahme der Urlaubswochen.

Annette Betz brauchte viele Monate, um sich an die ständige Anwesenheit des Kindes zu gewöhnen, an die dauernde Sorge, an die Alarmbereitschaft, die sie fühlte. Manchmal konnte sie nachts nicht schlafen, obwohl ihr Kleines viele Stunden ruhig neben ihr lag, weil sie dachte, daß das Baby sowieso gleich aufwachen würde und sich das Einschlafen nicht lohne.

So empfinden vor allem Frauen, die ihr erstes Kind bekommen. Sie gewöhnen sich nur ganz langsam an die vollständig neue Situation. Falls es Ihnen auch so geht, versuchen Sie doch einmal, sich in Ihr Baby hineinzuversetzen. Vielleicht haben Sie dann mehr Verständnis für das Nähebedürfnis Ihres Kindes.

## Die Geburt

*Warum braucht ein Neugeborenes so viel Nähe?* **Wenn das Baby aus dem Bauch der Mutter herauskommt, erlebt es einen großen Verlust, und zwar beständiger Wärme, dauernden Geschaukeltwerdens und einer gleichmäßigen Geräuschkulisse, zu der nicht nur die Geräusche der die Plazenta umgebenden Organe gehören, sondern auch die Stimmen, die draußen und deshalb wunderbar gedämpft zu hören waren.**

Selbst den fürsorglichsten Eltern wird es kaum gelingen, all das zu ersetzen. Das Kind muß also lernen, ohne diese wohlige Hülle und die ständige Versorgung mit allem Lebensnotwendigen zurechtzukommen. Dafür benötigt es eine lange Zeit.

*Wie kann ich einem Säugling Nähe geben?* **Beim Füttern, Wickeln und Kuscheln im Bettchen erlebt es einen Teil der Wärme aus dem Mutterbauch, einfach dadurch, daß es Körperkontakt hat und Nahrung erhält. Den anderen Teil Nähe müssen die Eltern liefern.**

Noch vor einer Generation machte man sich über den Teil Nähe, der über die Grundversorgung hinausgeht, keine Gedanken. Das Baby wurde gefüttert, trockengelegt und möglichst weit weg in ein ruhiges Zimmer gestellt, wo es schlafen sollte. Ob es schrie oder nicht, interessierte kaum, denn – so das damals weitverbreitete Vorurteil – «Schreien kräftigt die Lungen!»

Heute weiß man, daß sich das sogenannte Urvertrauen nur bilden kann, wenn die Kinder wissen, daß jemand für sie da ist. Babys wollen sich von Anfang an geborgen fühlen, sie wollen dabei sein. Konkret heißt das, Neugeborene wollen körperliche Präsenz der Eltern, wollen Stimmen hören, gekuschelt und beschäftigt werden.

## Nähe durch Präsenz

Babys sind also nicht gern allein, weder am Tag noch bei Nacht. Das gilt insbesondere für Säuglinge, die eine Weile in der Kinderklinik waren – diese Kinder brauchen permanent Nähe und Körperkontakt (s. a. unten). Für alle Neugeborenen gilt: Sie schlafen am liebsten in «Hörnähe», d. h. am allerliebsten im elterlichen Bett – und sie möchten jemanden um sich haben, wenn sie wach sind.

**Eltern sollten ihr Kleines am besten mit von Zimmer zu Zimmer nehmen, egal ob in der Wiege, im Stubenwagen, in der Tragetasche oder auf dem Babyfell. So kann es am Familienleben teilnehmen, und es fühlt sich nicht allein.** Frischgebackene Eltern können ein Lied davon singen, daß ihr Kleines immer gerade dann zu Mama oder Papa will, wenn ein dampfendes Essen auf dem Tisch steht. Stellen Sie den Autositz auf den Eßtisch, und Ihr Baby wird zufrieden zuschauen.

*Kann ich mein Baby allein lassen?*

## Nähe durch Körperkontakt

Manche Babys lehnen das Wickeln und Baden und sogar das Massieren ab, sie wollen in den ersten Wochen ihre Ruhe. Aber sie zeigen offensichtliches Wohlgefallen, wenn sie auf Mutters oder Vaters Arm liegen, wenn man mit ihnen kuschelt, mit ihnen schmust und ihnen etwas vorsingt.

**Diese Form des Körperkontaktes ist sanft, erinnert an den Aufenthalt im Mutterleib, wo auch jede Bewegung, jedes Geräusch abgefedert bzw. gedämpft wurde. Ähnlich empfinden manche**

*Warum werden Neugeborene so gerne herumgetragen?*

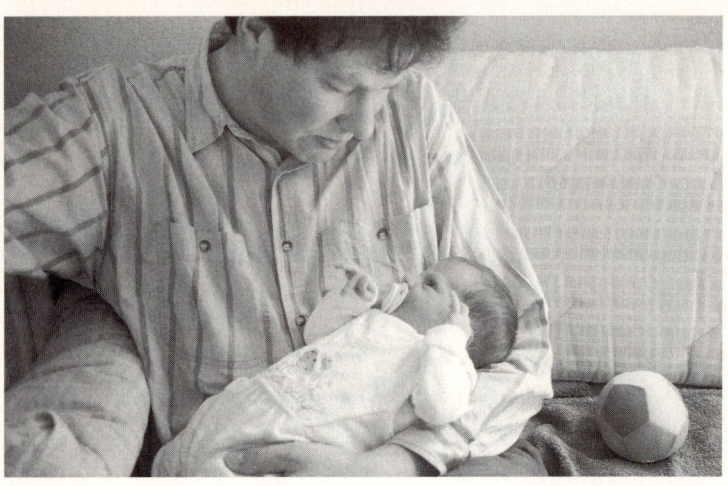

Lieblingsplatz
für ein
waches Baby

**Babys den Aufenthalt im Tragetuch. Hier können sie die Mutter spüren, hören und riechen – und werden gewiegt.**

Viele Kinder genießen das Getragenwerden übrigens so sehr, daß sie einschlafen, sobald sie im Tragetuch liegen.

Das Bedürfnis nach Körperkontakt nimmt in dem Maße zu, in dem das Schlafbedürfnis abnimmt. Das ist etwa ab dem 10. Lebenstag der Fall. Jetzt freuen sich manche Neugeborene über Eltern, die mit ihnen tanzen, die auf einem Gymnastikball mit ihnen hüpfen oder sie massieren.

Viele Eltern empfangen zu diesem Zeitpunkt den ersten Besuch, denn die Strapazen der Geburt liegen nun schon einige Tage zurück, die Mutter hat sich etwas erholt, und der Alltag ist schon ein ganz klein wenig zur Routine geworden. Sitzen die Verwandten, Freunde und Bekannten dann auf dem Sofa, haben sie meist nichts Besseres zu tun, als das Neugeborene von Arm zu Arm wandern zu lassen: «Wie süß! Wie goldig! Wie klein!

Ach, gib es mir doch noch einmal!» Die wohlmeinenden Erwachsenen wundern sich dann allerdings nach kurzer Zeit, daß das Baby gar nicht so begeistert reagiert.

Für das Neugeborene bedeutet Körperkontakt nicht wechselnde Arme, sondern die Arme der Mutter oder des Vaters. *Säuglinge lieben die Abwechslung überhaupt nicht, sie verlangen nach dem vertrauten Geruch, den vertrauten Gesichtern, den vertrauten Stimmen.* Babys zeigen übrigens lange andauernde Reaktionen auf zu viele Reize. Die meisten schlafen schlecht nach einem Tag, an dem sie überfordert wurden. Eine Mutter hat das einmal so ausgedrückt: «Wie die Tage sind, so sind auch die Nächte.»

Von den babyschaukelnden Verwandten, Freunden und Bekannten werden die Eltern vermutlich Gegenteiliges hören. Doch wer sich die Erfahrung ersparen möchte, ein unruhiges Neugeborenes bis drei Uhr morgens zu stillen oder durch die Wohnung zu tragen, der sollte den vermeintlichen Fachleuten gegenüber Selbstbewußtsein zeigen, das Baby nehmen und mit ihm in einen separaten Raum gehen.

## Nähe durch Beschäftigung

Manche Neugeborene schlafen 20 Stunden, manche aber nur zwölf. Die Eltern der Vielschläfer brauchen sich nicht zu fragen, womit sie ihre Babys beschäftigen, denn dazu bleibt neben Füttern und Wickeln keine Zeit. Doch Mütter und Väter von Wenigschläfern stellen schon bei den Neugeborenen Langeweile fest. **Die Kleinen sind zwar viele Stunden wach, aber sie können selber noch sehr wenig tun – außer schauen und nuckeln.** Und

*Können so kleine Menschen schon spielen?*

damit sind schon zwei Beschäftigungsarten ge-
nannt, die den Babys viel Spaß machen. Sie sind
nicht nur gerne beim Essen dabei, sie lieben es
auch, einem Erwachsenen beim Kücheaufräumen
oder Bettbeziehen zuzuschauen. Und wenn dann
noch staubgesaugt wird, sind sie hellauf begeistert, weil sie das Geräusch mögen.

**Wer seinem Baby ein Spielzeug kaufen möchte,
der besorgt am besten ein Mobile und bringt es so
an, daß das Kleine etwa 30 cm darunter liegen
kann.** Nur bei diesem Abstand kann es etwas erkennen. Manche Babys reagieren allerdings erst
nach einigen Wochen auf diesen Reiz, obwohl es
ihnen physiologisch bereits nach wenigen Tagen
möglich ist, einen sich bewegenden Gegenstand
mit den Augen zu verfolgen.

Auch das Nuckeln ist ein Spiel für einen Säugling, der ja wegen seines Saug- und Nuckelbedürf-
nisses so heißt. Denn nicht immer hat ein Neugeborenes Hunger, wenn es saugen möchte. So
nuckeln manche mit viel Freude an einem Bettzipfel, an einem Taschentuch, an einem Stück
Wäsche mit Mutters Geruch – oder an einem
Schnuller.

*Eines sollten Sie vermeiden: Ihrem Kind zuviel
Neues zuzumuten.* Beschäftigung ist nicht mit
Reizüberflutung zu verwechseln. Neugeborene
können nur eine ganz geringe Menge von Neuem
verarbeiten. Sie brauchen eher die Beschäftigung
mit Vertrautem (soweit ihnen Vater, Mutter, Geschwister und die Wohnung nach wenigen Tagen
Lebenszeit schon «vertraut» sind).

## Was Großmütter und Großväter so denken

Unsere Eltern traktieren uns immer noch mit
«Weisheiten», die die Wissenschaft schon lange
widerlegt hat: Sie sprechen vom «ersten dummen
Vierteljahr», in dem das Baby sowieso nichts sieht
und versteht. Da liegt die Vermutung nahe, daß
diese Behauptung die Rechtfertigung für das
Wegstellen eines Kindes liefern mußte, für die
Mißachtung, die man ihm früher zuteil werden
ließ. Das kann man unseren Müttern und Vätern
heute allerdings nicht vorhalten, denn sie hatten
damals tatsächlich nicht viel Zeit für ihre Kinder.

Auf der anderen Seite hören junge Eltern heute oft: «Verwöhnt euer Kind nicht so!» «Ihr müßt
es alleine lassen!» «Es braucht seine Ruhe!» «Du
benimmst dich wie eine Glucke [an die Mutter ge-
richtet]!» Das setzt ja eigentlich voraus, daß Kinder jetzt schon verstehen, was sie tun…

Mütter und Väter müssen lernen, solche
Sprüche zu ignorieren, nur sie wissen, was ihrem
Kind Freude bereitet, womit sie es beschäftigen
wollen, wann es Ruhe und wann es Anregung
braucht.

**Ein Neugeborenes kann man nicht verwöhnen!** *Kann ich mein Baby*
Denn auch wenn ein Baby in den ersten Monaten *verwöhnen?*
ganz und gar nicht «dumm» ist, so kann es noch
nicht in dem Sinne bewußt handeln, daß es die
«Wohltaten» der ersten Tage und Wochen später
einfordert.

## Kapitel 7
# Blähungen

Neugeborene schreien viel, das haben angehende Mütter und Väter schon vor der Geburt ihres Kindes oft genug gehört. Sie schreien aus allen möglichen Gründen, auch das ist den Erwachsenen nicht unbekannt. Aber daß es Babyschreie gibt, die Mütter und Väter stundenlang ertragen müssen, darauf werden die meisten nicht vorbereitet, das erfahren sie erst, wenn der neue Erdenbürger da ist. Die Ursache sind Blähungen – gefürchtet bei allen Eltern, besonders in Form von Drei-Monats-Koliken. Aber auch die «sanfte» Variante der ganz normalen Blähungen stellt junge Väter und Mütter vor eine Belastungsprobe. Dazu kommt noch die Unsicherheit, ob es sich denn wirklich um Blähungen handelt; manchmal brauchen die Eltern einige Wochen, um sie erkennen zu können. Bis dahin stehen sie meist ratlos vor ihrem schreienden Bündel. Marianne Deutz erinnert sich noch an den wohlmeinenden Satz in einer Babyzeitschrift: «Schon bald werden Sie wissen, warum Ihr Baby schreit...» Die junge Mutter aber wußte lange Zeit nicht, woran es nun genau lag – und fühlte sich als Versagerin.

## Der «Blähungsschrei»

Es gibt einige Merkmale des Blähungsschreis. **Er hört sich anders an als der Hungerschrei oder der Ausdruck von Langeweile: Er ist spitz und schrill und läßt in Müttern und Vätern die Alarmglocke klingeln. Das Schreien hält lange an, manchmal stundenlang, ohne daß sich irgend etwas dagegen tun läßt. Beim Schreien macht sich das Baby steif, dabei hat es die Beine angezogen.**

*Woran erkennt man den «Blähungsschrei»?*

**Die Zeiten, in denen Blähungen auftreten, sind meist der späte Nachmittag bzw. der Abend, und zwar meistens beim oder unmittelbar nach dem Trinken.** Das ist fatal, weil das Baby wegen der Schmerzen noch mehr trinken will (vor allem an der Brust), um sich zu beruhigen, und dabei treten dann neue Blähungen auf.

*Warum wird mein Baby manchmal beim bzw. nach dem Trinken unruhig?*

Stillbabys hören dann manchmal nach drei bis vier Schlucken auf zu nuckeln, schlafen ein – und werden wach, sobald die Mutter versucht, sie in ihr Bettchen zu legen. Sofort geht das Theater wieder von vorn los.

Schmerzen für das Kleine, Nervenprobe für die Großen

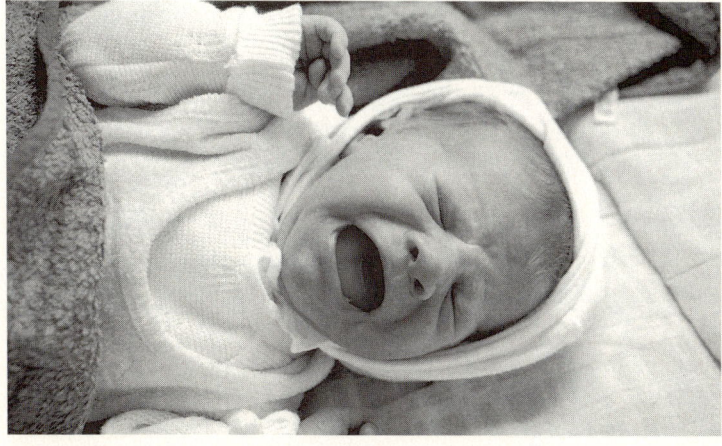

## Die Ursachen von Blähungen

Falls Ihr Baby sich verhält wie oben geschildert: Es ist kein kleiner Tyrann, auch wenn es Ihnen so vorkommen mag. Das Kind hat Schmerzen, und die drückt es aus.

*Wie entstehen Blähungen?* Die Schmerzen entstehen im **unfertigen Verdauungsapparat,** mit dem das Kleine auf die Welt kommt. Magen und Darm beginnen erst nach der Geburt zu arbeiten, d. h., erst allmählich siedeln sich Darmbakterien an. Bis der Verdauungstrakt vollständig funktionstüchtig ist, vergehen ungefähr drei Monate. Daß die Blähungen meist gegen Abend auftreten, hat u. a. den Grund, daß der Darm zu dieser Tageszeit besonders intensiv arbeitet, um dann nachts weniger aktiv zu sein (was nach einigen Monaten immerhin dazu führt, daß ein Baby nachts keinen Stuhlgang mehr hat).

Dazu kommt **die geänderte Ernährungsweise.** Hat das Neugeborene im Bauch nur Fruchtwasser «zu sich genommen», so muß es plötzlich Milch oder gar Flaschennahrung (die noch schwerer verdaulich ist) verarbeiten können. Daß das mit einem noch nicht richtig arbeitenden Magen und einem ebensolchen Darm Probleme bereitet, ist einsichtig.

Eine letzte Ursache stellt die **Ernährung der stillenden Mutter** dar (mehr darüber in Kapitel 3, S. ••). Babys reagieren auf vielerlei Stoffe mit Blähungen. Meist sind sie in Nahrungsmitteln enthalten, von denen eine Mutter sowieso weiß, daß sie Blähungen verursachen – und die sie vielleicht auch in der Stillzeit manchmal zu sich nimmt.

 *Achten Sie darauf: Wenn Sie selber Blähungen haben, wird Ihr Kind sie vermutlich kurze Zeit später auch bekommen.*

Manchmal allerdings sind die Reaktionen auf einzelne Nahrungsmittel nicht vorhersehbar. So kann die eine Mutter eine ganze Pizza mit Zwiebeln und Champignons ohne Folgen für das Kleine essen, während die nächste schon nach einem Bissen ein von Blähungen geplagtes Baby hat. Das gleiche gilt für Kaffee, den manche Mütter und ihre Kinder glänzend vertragen, während andere gänzlich darauf verzichten müssen. Bei einigen Frauen führt die Vorsorge gegen Blähungen sogar dazu, daß sie sich äußerst einseitig ernähren und fast nur noch Kopfsalat, Zwieback oder Suppe essen. Das hilft weder dem Baby – es braucht ja Nährstoffe – noch der Mutter, die wieder zu Kräften kommen soll.

*Versuchen können Sie die «Milchdiät».* Dabei vermeiden Sie alle Milchprodukte und auch alle Nahrungsmittel, die Milch enthalten, also z. B. Schokolade. Damit lassen sich die Blähungen beim Kind zwar vermutlich nicht gänzlich verhindern, aber vielleicht vermindern.

## Was läßt sich gegen Blähungen unternehmen?

Um es vorweg zu sagen: manchmal gar nichts. Das müssen betroffene Eltern wissen, um nicht zu verzweifeln. Denn selbst wenn es sich um ganz normale Blähungen und nicht um Drei-Monats-Koliken (siehe unten) handelt, versagen gelegentlich alle sanften und auch alle härteren Mittel.

Dennoch: **Die meisten Neugeborenen lassen sich zumindest mit einer der folgenden Methoden beruhigen, mit welcher, das müssen die Eltern herausfinden.**

*Wie kann ich mein Kind beruhigen?*

## Wärme

*1. Methode* Das beste Mittel gegen Blähungen sind **Wärme und Nähe,** denn die Blähungen beunruhigen auch das Baby. Viele Neugeborene lieben deshalb **Papas Bauch.** Dort werden die Schreihälse, mit denen die Eltern vielleicht schon einiges Vergebliche versucht haben, oft plötzlich ruhig.

Was früher die Wärmflasche war, ist heute das **Kirschkernsäckchen** (über Hebammen und Öko-Versender zu beziehen), das bei 100° Celsius im Backofen (15 Minuten) angewärmt wird (notfalls auch auf der Heizung). Auf den Bauch des oder der Kleinen gelegt, hilft es häufig.

Und einige wenige Neugeborene lieben ein **Bad,** wenn sie von Blähungen geplagt werden. Leider schreien die meisten in den ersten Wochen, sobald sie ausgezogen und ins Wasser getaucht werden.

## Bewegung

*2. Methode* Viele Blähungsbabys mögen es, wenn die Eltern sie **herumtragen.** Sicherlich kennen Sie Erzählungen von solchen stunden- und nächtelangen Trageaktionen. Und wer selber einmal versucht hat, ein wegen Blähungen schreiendes Neugeborenes zu beruhigen, weiß, daß kein Schaukelstuhl und kein Wiegen hilft, nein, die Großen müssen ihre Beine in Bewegung setzen. Jede Simulation von Herumlaufen merken die Kleinen sofort.

Nur ein einziges Täuschungsmanöver hat nachweislich Erfolg: das **Herumhüpfen auf dem Gymnastikball** (Vorsicht, nicht zu heftig!), den sich viele Mütter in der Schwangerschaft anschaffen. Diese Form der Bewegung bewirkt offensichtlich die gewünschte Erschütterung, die sonst nur beim Herumlaufen erreicht wird.

## Der «Flieger»

Doch auch mit dem Herumtragen sind manche Schreihälse noch nicht zufrieden, sie wollen das auch noch auf eine ganz bestimmte Art und Weise, nämlich in der sogenannten **Fliegerhaltung.** Dazu legen Sie das Baby auf den Bauch und schieben einen Arm unter ihm durch, bis die nach oben geöffnete Hand in Bauchhöhe angekommen ist. Der Kopf des Kindes liegt also in Ihrer Armbeuge. Mit der anderen Hand können Sie beruhigend über den Rücken streichen. Auf diese Art und Weise werden Bewegung und Druck auf den Bauch des Kleinen kombiniert.

Manche Neugeborene mögen es allerdings gar nicht, wenn sie mit dem Gesicht zum Boden gucken. Um für sie ein Druckgefühl auf dem Bauch zu erzeugen, können Eltern sie so füttern (beim Stillen geht das logischerweise nur teilweise), daß

Diese Haltung schafft bei Blähungen Linderung

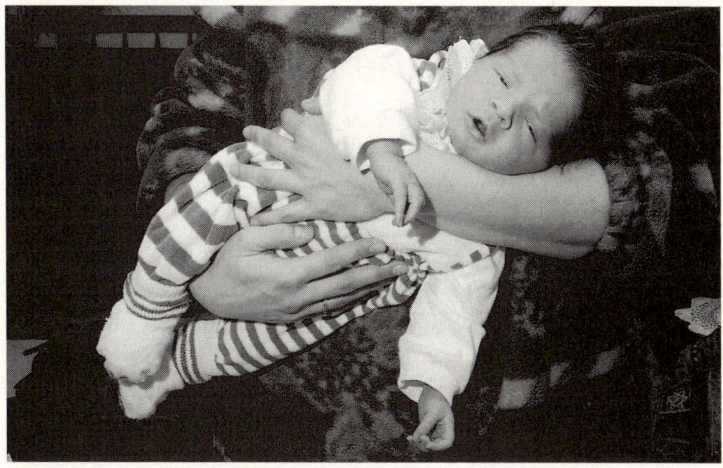

die linke Seite des Babys (also die Seite, auf der sich der Magen befindet) beim Trinken anliegt.

## Massage

3. Methode Einen Versuch ist auch die Massage wert, die allerdings auch das Gegenteil des Gewünschten bewirken kann. Denn diese Form des Drucks läßt einige Babys lächeln und andere noch mehr schreien.

Bewährt hat sich die sogenannte **Vier-Winde-Massage,** bei der im Uhrzeigersinn mit leichten kreisenden Bewegungen ein Quadrat um den Bauchnabel gezeichnet wird. Beginnen sollte man an der Beckenschaufel unten links.

Wenn Ihr Baby die Massage auf dem blanken Bauch liebt, dann können Sie zusätzlich ein Öl verwenden. Fertig zu kaufen ist Oleum lactagogum, selber mischen läßt sich folgendes: drei Eßlöffel Mandel- oder Calendulaöl, ein Tropfen Kamillenöl und ein Tropfen Fenchelöl; viele Eltern haben diese Öle als Duftöle zu Hause.

## Die Ernährung des Babys

4. Methode Hin und wieder haben auch einige Änderungen bei der Ernährung die Blähungen buchstäblich in Luft aufgelöst. Zunächst ist es sinnvoll, das Baby **nicht öfter als alle eineinhalb Stunden zu füttern,** denn sonst kommt zu der im Magen erst anverdauten Milch zu früh neue Nahrung. Nur ganz, ganz wenige Neugeborene brauchen mehr Milch (Ausnahmen gibt es allerdings). Roswitha Schmidt z. B. hat das nicht gewußt und ihr Baby so oft gestillt, wie sie dachte, daß es Hunger habe. Doch nach einigen Tagen ging es ihrem Kind schlecht und

schlechter, es sah blaß und krank aus, hatte einen stark geblähten Bauch und schrie erbärmlich. Am 8. Tag rief sie die Hebamme an, die sofort kam und zum selten eingesetzten Mittel des Wiegens (was sie sonst ablehnt) griff. Dabei stellte die Fachfrau fest, daß das Baby schon zu diesem Zeitpunkt 300 Gramm über dem Geburtsgewicht lag, was vollständig unüblich ist. Die Mutter hatte dem Kind ganz einfach zu oft und damit zuviel Nahrung angeboten. Die Reaktionen waren Übelkeit und Blähungen. Ohne die Waage hätte die Hebamme das allerdings nicht nachweisen können.

Bei Flaschenkindern hilft oft eine simple Änderung der Nahrungszubereitung, nämlich das **Abschöpfen des Schaums,** der sich beim Schütteln bildet. Die darin enthaltene Luft verursacht beim Baby häufig starke Blähungen (siehe auch Kapitel 4, S. 122).

## Mittel aus der Apotheke

*5. Methode*

Eigentlich wissen die meisten Erwachsenen, daß **Fencheltee** gegen Blähungen hilft. Aber nicht immer ziehen sie daraus den Schluß, ihn auch ihren Babys zu geben. Schade, denn bei sehr vielen Neugeborenen beseitigt er die Blähungen recht gut. Stillkinder können ihn zusätzlich trinken, manche allerdings lehnen ihn ab. Bei Flaschenkindern gibt es einen Trick: Man hängt einen Teebeutel in das Fläschchen, so daß die Kleinen Fencheltee mit Milchpulver trinken und sich weniger am Geschmack stören können.

Ärzte verordnen manchmal **Blähungstropfen,** das sind z. B. «Carminativum hetterich» und «Sab simplex», die Stillkindern auf dem Löffel und Flaschenkindern mit der Milch gereicht werden.

Allerdings warnt der Kinderarzt Dr. Peter Arnold davor, die Tropfen (die nicht verschreibungspflichtig sind) leichtfertig einzusetzen: «Allzuoft verwechseln Eltern Unruhe und Unwohlsein mit Blähungen und geben die Tropfen zu schnell.»

Manche Eltern sind sich allerdings sicher, daß ihr Baby Blähungen hat. Sie können regelrecht die Uhr danach stellen: Jeden Abend gegen fünf Uhr fängt der oder die Kleine an zu schreien und zu wimmern. In diesem Fall geben entnervte Mütter und Väter auch schon einmal vorsorglich Tropfen – trotz der Warnung des Kinderarztes.

Bedenken sollten Sie bei der Gabe von Blähungstropfen, daß nicht hundertprozentig geklärt ist, ob sie Nebenwirkungen haben – was ja für viele Medikamente gilt.

## Drei-Monats-Koliken

*Was sind Drei-Monats-Koliken?* **Die Drei-Monats-Koliken heißen deshalb so, weil die Blähungen spätestens nach drei Monaten verschwinden.** Davor machen sie der jungen Familie aber das Leben zur Qual, alles andere wäre unehrlich und beschönigend. Die Blähungsschmerzen sind so stark, daß das betroffene Baby fast ununterbrochen schreit, manchmal Tag und Nacht; kein Mittel hilft. Manchmal lindern Herumtragen und Wärme die Beschwerden ein wenig, aber beides dient eigentlich mehr der Beruhigung der Eltern.

Die Gründe für die Koliken sind dieselben wie für die normalen Blähungen, nur daß sie bei manchen Babys in verschärfter Form auftreten und deshalb die oben geschilderten fatalen Folgen haben. Darüber hinaus gibt es noch einige weitere Erklärungen bzw. Gründe für Drei-Monats-Koliken:

1. Das Geschlecht des Kindes: Jungen haben öfter Blähungen und Drei-Monats-Koliken.
2. Die Ernährung des Kindes: Flaschenbabys leiden häufiger an dem Übel.
3. Nicht eindeutig geklärt ist die Annahme, daß die Drei-Monats-Koliken eine Reaktion auf Reizüberflutung sind. Die Blähungen wären in diesem Fall eine Möglichkeit des Babys, seine Unruhe loszuwerden.

Falls Ihr Baby unter Drei-Monats-Koliken leidet: Versuchen Sie zunächst, **alle übrigen Belastungen zu vermeiden.** Denn Sie brauchen in dieser Zeit Ihre Nerven und Ihre Kraft, um das beständige Schreien zu ertragen. Und wenn Sie als Mutter bislang versucht haben, mit **Ernährungsumstellungen** Erfolge bei der Vorsorge gegen Blähungen zu erzielen: Geben Sie das auf! Essen Sie, worauf Sie Lust haben! Es kann allenfalls sein, wie Stefanie Hein es ausdrückte, daß ein Schreiabend nach Genuß von Blähendem «noch ein bißchen fürchterlicher als sonst» wird.

*Welche Mittel gibt es dagegen?*

Darüber hinaus können Sie versuchen, Ihr Baby mit allen **oben geschilderten «Behandlungsmethoden»** zu beruhigen. Vielleicht können Sie die Koliken für Ihr Kind und sich selber etwas erträglicher machen.

Ein **Besuch beim Homöopathen** sollte Ihnen einen Versuch wert sein. Er wird Sie sehr genau befragen und Ihr Baby ganz gezielt behandeln. Nicht selten ist die Behandlung erfolgreich.

Dennoch gibt es für viele Eltern nur einen einzigen wirklichen Trost: *Die Koliken hören bei fast allen Kinder mit Ende des dritten Lebensmonats schlagartig auf, bei vielen verschwinden sie auch schon früher.*

## Kapitel 8

# Gesundheit und Krankheit

## Ist das Baby krank?

Flecken, Bläschen, Blutungen, es gibt vieles, was Eltern spätestens nach einigen Tagen bei ihren Neugeborenen auffällt und was sie stark beunruhigt. Doch das meiste ist vollständig harmlos.

### Hautveränderungen

**Rote Flecken**

«Der Storch bringt die Babys», sagte man früher. Inzwischen glaubt niemand mehr daran, auch wenn das Tier dem **«Storchenbiß»** seinen Namen verliehen hat. Er bezeichnet die Stelle, an der der Storch das Kleine aus dem Brunnen gezogen bzw. durch die Luft getragen hat. Der Storchenbiß ist ein roter, ungleichmäßiger Fleck, meist an Stirn, Augenlid, Nasenwurzel oder im Nacken, dessen Herkunft nicht genau geklärt ist (manche Ärzte erklären den Storchenbiß als Druckstelle von der Geburt). Die meisten Storchenbisse verschwinden nach einigen Wochen, im Nacken bleiben sie manchmal auf Dauer. Einen Grund zur Beunruhigung stellen sie auf keinen Fall dar.

Im Gegensatz zum Storchenbiß gibt es **rote**

*Was bedeuten all die roten Flecken und Pickel auf der Haut meines Babys?*

**Flecken** auf Babys Haut, die heute hier und morgen dort auftauchen. Sie sind eine Reaktion der Haut auf die veränderten äußeren Umstände. Denn vor der Geburt war das Baby von Fruchtwasser umgeben und die ganze Haut mit Käseschmiere bedeckt. Jetzt fehlt dieser Schutz. Auch diese roten Flecken sind harmlos und nicht behandlungsbedürftig.

Das **Blutschwämmchen** sieht etwas anders aus. Es ist ein leicht erhabener, dunkler, blutunterlaufener Fleck, der relativ häufig vorkommt. Fast immer verblaßt es im Laufe des ersten Lebensjahres. Kein Arzt würde sich über ein Blutschwämmchen aufregen, und die Eltern sollten es auch so halten.

## Pickel

Auf der Nase von Neugeborenen finden sich häufig kleine, weiße Punkte. Es sind erweiterte Talgdrüsen, die nichts mit der Neugeborenenakne gemein haben. Die weißen Punkte heißen **Milien** und verschwinden ungefähr nach vier Wochen von allein.

Die **Neugeborenenakne** beginnt nach etwa zwei Wochen und kann die Kleinen arg entstellen – mit sehr vielen roten eitrigen Pickeln auf Gesicht und Hals. Wer Photos vom neuen Baby verschicken will, sollte sie also vorher machen! Die Ursache für die Neugeborenenakne ist der Abbau von mütterlichen Hormonen im Kind. Das kann bis zu einem halben Jahr dauern. Trotzdem können Eltern in dieser Zeit das Gesicht des Babys ganz normal waschen. Manche Babys vertragen sogar eine Fettcreme auf der Haut, bei anderen wird die Akne dadurch schlimmer. Falls die Haut sehr rot und entzündet aussieht, dann kann der Kinderarzt eine Lotion auf Talcumbasis verordnen.

Noch mehr **Pickel, und diesmal am ganzen Körper,** können Neugeborene bekommen, die eine Gelbsucht hatten. Sie zeigen, daß der Körper des Kindes das Bilirubin abbaut (siehe S. 161–163). Mütter und Väter können diese roten Flecken getrost ignorieren.

### Schuppige Haut

Der junge Vater ist entsetzt. Gerade hat er vorsichtig sein Baby gewaschen – und sieht lauter kleine **Hautfetzen** auf dem Lappen. Was schlimm aussieht, macht rein gar nichts. Denn viele Neugeborene «häuten sich», vor allem am Bauch, an den Füßen und auf der Stirn. Darunter kommt bald wunderbare zarte Babyhaut zum Vorschein.

## Das Bläschen auf der Oberlippe

Erwachsene denken sofort an Herpes, wenn sie ein Bläschen auf der Oberlippe von Neugeborenen sehen. Doch darum handelt es sich auf keinen Fall. **Neugeborene werden von der Natur mit einem Saugnapf ausgerüstet, damit ihnen das Trinken leichter fällt.** Der Saugnapf besteht aus Hornhaut, die die zarten Lippen bei der starken Beanspruchung, die vor allem beim Stillen entsteht, schützt. Bei manchen Babys ist der Saugnapf übrigens stärker ausgeprägt, also deutlicher zu sehen als bei anderen, bei einigen kann man ihn gar nicht erkennen, was nicht bedeutet, daß er nicht da ist.

*Warum hat ein Neugeborenes ein Bläschen auf der Oberlippe?*

## Weißer Belag im Mund

Das Baby gähnt herzhaft, und die Mutter bekommt einen Schreck. Das Kleine hat einen weißen Belag auf der Zunge. **Der kann von der getrunkenen Milch stammen und damit harmlos sein. Sind jedoch weiße Punkte auch auf den Wangeninnenseiten und am Gaumen zu sehen, handelt es sich dabei wahrscheinlich um Soor, also um einen Pilz (siehe auch S. 169 f.).** Soor muß vom Kinderarzt behandelt werden, und zwar möglichst bald. Denn Pilz neigt dazu, sich auszubreiten, was bei Soor bedeutet, daß er durch den Magen und durch den Darm wandert und dann im Windelbereich auftaucht – und zwar in enorm kurzer Zeit. Es kann dagegen Monate dauern, bis ein Kind davon ganz geheilt ist.

*Was bedeutet ein weißer Belag auf der Zunge meines Kindes?*

## Geschwollene Brüste

Ob Mädchen oder Junge, beide Geschlechter sind von Schwellungen der Brustdrüsen betroffen. **Alle Säuglinge bekommen von ihrer Mutter mehr weibliche Hormone geliefert als sie brauchen. Und diese verursachen bis zu drei Zentimeter große Schwellungen der Brustdrüsen (im Radius um die Brustwarzen).**

*Warum sind die Brüste mancher Neugeborener geschwollen?*

Falls es dem Baby gutgeht, brauchen Mütter und Väter nichts zu unternehmen. Sind die Brustdrüsen der Kleinen allerdings gerötet und schmerzempfindlich, weinen die Babys und haben vielleicht noch Fieber, dann muß der Kinderarzt eingeschaltet werden, weil es sich dann um eine *Brustdrüsenentzündung* (wie bei der Mutter) handelt. Als Maßnahme wird der Arzt Rivanol-Umschläge (kühlend und abschwellend) empfehlen. Dazu löst man eine Filmtablette in einem Liter Wasser und tränkt Kompressen damit. Vorsicht: Rivanol färbt dauerhaft gelb! Decken Sie deshalb die Brust mit einer dünnen Schicht Watte oder einer weiteren Kompresse ab. Das tut dem Baby zusätzlich gut, weil es ein Scheuern der Brust an der Kleidung verhindert.

Eventuell verschreibt der Arzt sogar Antibiotika. Fragen Sie in diesem Fall genau nach, ob das wirklich nötig ist, denn Antibiotika sind als Medizin für Babys sehr umstritten, manchmal allerdings stellen sie die einzige wirksame Behandlungsmöglichkeit dar.

## Ausfluß und Blutung beim Mädchen

Bares Entsetzen steht den meisten Müttern und Vätern ins Gesicht geschrieben, wenn sie die Windel ihres Mädchens wechseln wollen und diese blutgetränkt ist. Denn wer kann sich schon vorstellen, daß eine Neugeborene eine Blutung ähnlich der einer Periode hat. Doch genau darum handelt es sich: **Das klitzekleine Mädchen hat eine Abblutung der Gebärmutterschleimhaut, die durch den Hormonabbau verursacht wird.** Trotz des schlimmen Anblicks: Ihr Kind verblutet nicht, und spätestens nach zwei Tagen wird die Windel wieder wie üblich aussehen.

*Ist es gefährlich, wenn meine Tochter aus der Scheide blutet?*

Weniger beunruhigend und genauso normal ist ein *weißlicher, schleimiger Ausfluß,* er hat dieselbe Ursache wie die Blutung. Auch *rote Schamlippen* brauchen nicht weiter beachtet zu werden, sie weisen nur auf eine starke Durchblutung in den ersten Tagen hin.

## Verformungen des Kopfes

Ein schiefer, scheinbar deformierter Kopf sollte allenfalls ästhetisches Mißempfinden auslösen. Denn ein Baby hat sehr weiche Schädelknochen,

die es ermöglichen, daß sich der für den Geburts-
kanal recht große Kopf «verformen» kann, um
durchzurutschen. Insbesondere wenn das Kleine
dann noch mit der Saugglocke oder mit der Zange
geholt worden ist, ergeben sich Deformierungen.
**Nach ein paar Monaten wird man vermutlich nicht**
**mehr das geringste davon sehen.**

*Behält mein Baby einen*
*verformten Kopf?*

Und falls Sie einen *Knoten am Kopf* (meist am
Hinterkopf) Ihres Kindes fühlen: Keine Panik!
Das Baby hat keinen Krebs, bestimmt nicht, der
Knoten ist ein Vorsprung des Schädelknochens,
der sich in den allermeisten Fällen verwächst.

## Ernsthaftere Erkrankungen

Nicht alle Krankheiten sind harmlos, deshalb bedürfen sie ärztlicher Behandlung. Das gilt insbesondere bei Neugeborenen. Denn was für ein
zweijähriges Kind allenfalls eine Beeinträchtigung
des Wohlbefindens darstellt, kann für ein Baby
eine arge Plage oder gar lebensbedrohlich sein. In
den ersten Wochen ist z. B. ein Schnupfen für ein
Neugeborenes gefährlich, weil es zum Trinken
eine freie Nase benötigt, ein Zweijähriges ist
allenfalls ein bißchen schlapp und jammerig. Deshalb: *Gehen Sie lieber einmal zuviel zum Arzt als*
*einmal zuwenig! Und selbst wenn Ihr Kind nur*
*«ein bißchen» krank ist, Sie sich aber Sorgen ma-*
*chen, dann lassen Sie sich vom Arzt beruhigen.*

### Neugeborenengelbsucht

Schon am dritten bis fünften Tag sind viele Eltern
zum erstenmal mit einer gefährlichen Krankheit
ihres Kindes konfrontiert, und zwar mit der Neu-

*Was ist Neugeborenen-*
*gelbsucht?*

geborenengelbsucht. Wenn das Kind bereits nach der Geburt «schön rosig» aussieht und dieses «Rosige» sich in den folgenden Tagen noch verstärkt, dann ist das für den Mediziner leider ein Alarmsignal. **Die gelblichrote Färbung der Haut, die sich auch in den Augen des Kindes zeigt, ist Zeichen der Neugeborenengelbsucht. Sie entsteht dadurch, daß sich das Hämoglobin der roten Blutkörperchen beim Kind nach der Geburt verändert und die Leber beim Abbau des fetalen Hämoglobins überfordert sein kann.**

Bei Klinikgeburten stellt ein Kinderarzt die Diagnose, bei ambulanten Geburten ist es die Hebamme. Im Krankenhaus findet eine Blutuntersuchung statt, zu Hause benutzt die Hebamme dazu ein sogenanntes Ikterometer, das auf die Nase des Kindes gehalten wird. Auf dem Ikterometer finden sich Gelbabstufungen, die mit der Haut des Kindes verglichen werden. Bei einem Wert von 14 bis 18 mg/dl ist das Baby behandlungsbedürftig, ab 20 mg/dl ist es extrem gefährdet.

Mißt den Grad
der Gelbsucht:
das Ikterometer

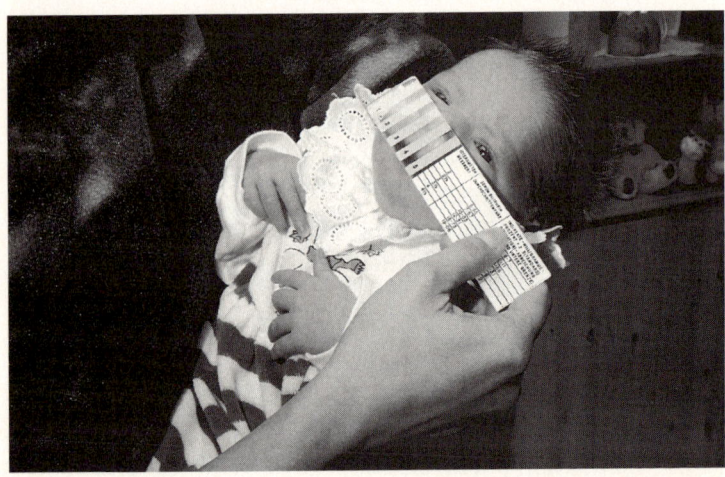

In vielen Fällen genügen sanfte Therapien, die die Eltern zu Hause anwenden können:

1. Das Neugeborene soll viel trinken, d. h., auch Stillbabys müssen zwischendurch Tee nuckeln.

2. Das Baby soll soviel Lichteinstrahlung wie möglich ausgesetzt werden. Das kann am Fenster oder auch draußen sein. Leider haben hier alle zwischen Oktober und März Geborenen schlechte Karten.

3. Man kann dem Kind Natrium sulfuricum D 12 (Globuli) geben. Zwei Kügelchen, in die Wange geschoben, genügen.

4. Die Mutter kann Petersiliensaft trinken. Aber nicht dem Kind geben!

*Auf jeden Fall sollten Sie die Entscheidung, ob eine weitergehende Behandlung notwendig ist oder nicht, der Hebamme und dem Kinderarzt überlassen.*  Je nach Schwere der Gelbsucht kann nämlich eine Lichttherapie (und in ganz seltenen Fällen eine Infusion) notwendig sein. Dazu wird das Baby in der Klinik, in der Praxis oder im Geburtshaus stunden- oder auch tageweise mit einem Augenschutz unter eine Photolampe gelegt und nur zum Füttern und Wickeln herausgenommen. Rooming-in ist hierbei nicht möglich.

Die Folgen unbehandelter Gelbsucht können Schädigungen des Gehirns sein. Um Ihnen die Furcht zu nehmen: Das passiert sehr, sehr selten. Die Behandlung der Gelbsucht erfolgt prophylaktisch, d. h., Ärzte und Hebammen warten gar nicht ab, bis ein Baby gefährliche Werte aufweist, sondern legen es vorher unter die Photolampe.

## Fieber

Neugeborene, Babys und Kleinkinder haben oft Fieber, und zwar sehr viel höheres, als Erwachsene das von sich selber gewohnt sind. Dennoch ist Fieber ab 38° Celsius (davor handelt es sich lediglich um «erhöhte Temperatur») natürlich ein Alarmsignal für die Eltern.

*Warum steigt das Thermometer immer höher?* **Fieber weist darauf hin, daß das Kind an einer Krankheit leidet. Beim Neugeborenen ist eigentlich fast immer der Arztbesuch notwendig.** Es sei denn, das Fieber verschwindet schon nach einigen Stunden und kehrt auch nicht wieder. Achten Sie zusätzlich darauf, wie es Ihrem Baby geht: Ist es trotz des Fiebers fit? Reagiert es noch auf seine Umwelt? Jammert es, oder liegt es nur noch benommen da? In den letzten beiden Fällen sollten Sie auf jeden Fall sofort medizinischen Rat einholen. Für den Arzt ist der Allgemeinzustand des Babys ein Hinweis darauf, was ihm fehlen könnte. Neben Ihren eigenen Beobachtungen, die Sie dem Arzt mitteilen, gibt eine genaue Untersuchung Aufschluß darüber.

Einen Fehler machen Eltern oft: Sie meinen, ein Neugeborenes mit Fieber brauche Wärme im Übermaß, d. h. einen warmen Raum, dicke Kleidung und eine ebensolche Decke. Doch damit ist dem Winzling nicht geholfen, er oder sie hat allenfalls eine noch höhere Temperatur, denn um 0,5° Celsius kann sie dadurch steigen. *Schaffen Sie Ihrem Kind also die Möglichkeit, die Wärme durch die Kleidung und die Decke abzugeben, indem Sie es nicht zusätzlich noch überhitzen.*

## Schnupfen und Husten

Es ist zwar kaum vorstellbar, aber das klitzekleine Neugeborenennäschen kann von Schnupfen verstopft sein. Und selbst gestillte Babys bekommen Schnupfen, denn die Muttermilch schützt entgegen der weitverbreiteten Meinung nicht vor allen Infektionen. Neugeborene können sich also durchaus bei Geschwistern oder anderen Personen mit Schnupfen anstecken.

Für die Kleinen ist diese Krankheit ganz und gar nicht harmlos, weil sie sie am Trinken hindert. Das Baby beginnt, an der Brust oder der Flasche zu saugen und merkt dann, daß das nicht funktioniert, weil es keine Luft durch die Nase bekommt. Es fängt an zu schreien, versucht es noch einmal, schluckt eventuell Luft, bekommt davon Blähungen und hört dann gar nicht mehr auf zu schreien. Das ist verständlich, denn es hat Hunger, Atemnot und vielleicht noch Bauchschmerzen.

Paula Blumes Sohn hat sich übrigens wochenlang mit Schnupfen herumgequält, das ist bei Neugeborenen nicht selten. Leider werden davon auch die Eltern in Mitleidenschaft gezogen, denn ein Baby, das nicht richtig atmen und trinken kann, ist vor allem nachts besonders empfindlich und schreit viel. Der Grund ist, daß die Atemgänge im Liegen noch schneller verstopfen. Deshalb schnauft und röchelt das Kind «wie ein Walroß», was die daneben schlafenden Eltern so manche Stunde wachhalten kann. Außerdem steckt der Babyschnupfen an, was viele Familien für Wochen sehr belasten kann. **Falls Ihr Kind an Schnupfen leidet, dann sollten Sie sich mit Geduld und Nerven wappnen – und zum Arzt gehen.**

Er wird sich zunächst das Schnupfensekret an-

*Was muß ich bei Schnupfen und Husten tun?*

schauen, denn es kann in drei Formen auftreten: flüssig, zähflüssig oder fest und trocken, die Farbe kann klar, weißlich oder grüngelblich sein. Wenn Eltern sich sicher sind, daß der Schnupfen flüssig/klar ist, dann brauchen sie nichts zu unternehmen, bei allen anderen Formen wird der Arzt zu folgender Behandlung raten: Geben Sie drei- bis viermal täglich (am besten vor dem Trinken) einige Tropfen Muttermilch oder einen Tropfen Salzlösung (abgekochtes Wasser mit etwas Salz) mit einer Pipette in die kleine Nase. Sollte auch das nichts helfen, so wird Ihnen der Arzt Nasentropfen verschreiben. *Kaufen Sie niemals eigenständig Nasentropfen, da diese die Nasenschleimhaut angreifen können.*

Falls Ihr verschnupftes Baby gerötete Augen haben sollte, dann leidet es zusätzlich an einer Bindehautentzündung (siehe unten).

Neugeborene niesen und husten manchmal, das darf Sie nicht beunruhigen. Babys reagieren auf viele Stoffe in der Luft, an die Erwachsene sich gewöhnt haben. Das können Staubpartikel sein, aber auch z. B. ätherische Öle und Zigarettenrauch. Im medizinischen Sinne hat das Baby dann einen *Reizhusten.*

Beobachten muß man alle andauernden Formen von Husten, denn dahinter können recht schwerwiegende Krankheiten wie Lungenentzündung und Bronchiolitis (das ist nicht dasselbe wie Bronchitis!) stecken. Die häufigste Ursache beim Neugeborenen sind jedoch *Bronchitis* und *Grippe.* Bei der Bronchitis hat das Baby zusätzlich Fieber, bei Grippe darüber hinaus oft noch Schnupfen.

**Der Arzt ist bei allen Varianten außer dem Reizhusten gefragt.** Er rät zu folgenden Maßnahmen: Führen Sie Ihrem Baby viel frische, feuchte Luft zu, im Winter durch Luftbefeuchtung z. B. mit nassen Handtüchern, die Sie auf Wäscheständer oder über die Heizung hängen. Und geben Sie ihm viel zu trinken, indem Sie sowohl dem gestillten als auch dem Flaschenkind zusätzlich Tee anbieten. Darüber hinaus verschreibt der Arzt ein Sekretolytikum, das ist ein Medikament, das das Abhusten des Schleims erleichtert.

## Bindehautentzündung

**Bei der Bindehautentzündung hat ein Kind rote, tränende Augen, die manchmal noch ein schleimiges, eitriges Sekret absondern.** Dadurch können die Augenlider, die oft angeschwollen sind, verkleben. Die Ursachen dafür sind vielfältig, es kann u. a. ein Schnupfen sein.

*Warum hat das Kleine ständig rote, nässende Augen?*

Wenn die Entzündung nur kurz andauert, dann genügt es, den verstopften Tränengang unter dem Auge (er verläuft vom inneren Augenrand schräg hinunter in die Nase) freizumassieren, indem man mit einem Wattestäbchen vorsichtig vom Innenrand des Auges Richtung Nase streicht. Zusätzlich kann man das Auge auswaschen, und zwar mit Wasser. *Vermeiden Sie Kamillenlösungen, denn die können Allergien auslösen.*

Bei manchen Babys helfen auch einige Tropfen Muttermilch, die Sie ihm mit einer Pipette oder direkt ins Auge geben.

Bleibt das Auge längere Zeit gerötet und ist eventuell Eiter zu sehen, dann müssen Sie Ihr Baby unbedingt dem Arzt vorstellen. Er wird den Tränengang säubern und Augentropfen verordnen – und den Verlauf der Krankheit beobachten. Wichtig: Eitrige Bindehautentzündung ist ansteckend, versuchen Sie also, Geschwister vom Baby fernzuhalten.

## Durchfall

Der Durchfall ist beim Säugling nicht ganz einfach zu erkennen, da er meist einen sehr dünnen Stuhlgang hat. **Die Anzeichen sind die grau-grünliche Farbe, die schleimig-zerhackte Konsistenz und der im Gegensatz zum normalen Stuhlgang unangenehme Geruch. Erbrechen und Fieber können dazukommen. Zusätzlich leiden viele Neugeborene an Blähungen, sie haben also Bauchschmerzen.**

*Woran erkenne ich beim Säugling Durchfall?*

Die Ursachen von Durchfall sind bei Säuglingen meist Virusinfektionen, bakterielle Infektionen treten erst dann auf, wenn der Säugling andere Nahrung als Mutter- oder Flaschenmilch (aus Milchpulver) erhält.

Durchfall bedeutet auch einen enormen Flüssigkeitsverlust und ist deshalb für ein Neugeborenes lebensgefährlich. *Durchfall bedarf deshalb unbedingt medizinischer Behandlung.*

Der Arzt wird zunächst dafür sorgen, daß das Baby ausreichend Flüssigkeit erhält, d. h., ein gestilltes Kind muß unbedingt weiter Muttermilch bekommen und ein Flaschenkind Säuglingsmilch und Heilnahrung. Manchmal ist eine Behandlung mit sogenannten Elektrolytlösungen nötig, in schwierigen Fällen auch durch eine Infusion. Das kann nur der Mediziner entscheiden, deshalb sollten Sie den Durchfall Ihres Säuglings auf jeden Fall ärztlich behandeln lassen.

## Verstopfung

Ob ein Neugeborenes an Verstopfung leidet oder nicht, das können die Eltern eher wissen als der Arzt. Es hängt davon ab, wie oft das Baby normalerweise Stuhlgang hat. Bei einem gestillten Kind kann das fünfmal täglich sein, aber auch nur einmal wöchentlich. Ein Flaschenkind sollte etwa einmal täglich seine Windeln vollmachen.

**Hat das Baby seltener als sonst Stuhlgang und leidet es zusätzlich an Blähungen, dann liegt der Verdacht nahe, daß es sich um Verstopfung handelt.** Dann quält sich das Kind, was man daran merkt, daß es eventuell stundenlang schreit, und zwar anders als sonst, nämlich spitz und schrill.

*Wie merke ich, ob mein Baby an Verstopfung leidet?*

Der Arzt verschreibt bei Verstopfung übrigens einen kleinen Einlauf zur «Akutentlastung» und Milchzucker, den es für Flaschenkinder in Pulverform und für gestillte Babys als Sirup gibt. Meist ist das Übel dann schon bald verschwunden.

## Soor

Soor (eine Pilzkrankheit) beginnt fast immer im Mund und befällt oft anschließend das gesamte Verdauungssystem sowie den Windelbereich. Im Mund erkennt man Soor an einem weißlichen Belag auf der Zunge, auf den Wangeninnenseiten und manchmal auch am Gaumen (siehe auch S. 158 f.). **Im Windelbereich zeigt sich Soor in roten, ineinanderfließenden, teils nässenden Flecken, die sich rasch vermehren.**

*Was bedeuten die roten Stellen am Po?*

Die Ursache für Soor ist einfach: Überall, in der Luft und auf allen Gegenständen, befinden sich Pilzbakterien. Die Haut eines Erwachsenen hat sich daran gewöhnt und reagiert nur bei irgendeiner Störung mit einer Erkrankung. Die Haut eines Babys jedoch ist viel empfindlicher, und so kommt es viel schneller zu einem Pilzbefall als bei den Großen.

Der Arzt verordnet zunächst noch mehr Hygiene als sonst, d. h., alle Schnuller und Sauger müssen tatsächlich nach jedem Gebrauch desinfiziert werden. Stillmütter, die Woll-Seiden-Einlagen verwenden, sollten für die Krankheitszeit auf Einmaleinlagen umsteigen. Bei hartnäckigem Soorbefall muß das Neugeborene mit einem Antimykotikum (einem Anti-Pilz-Mittel) behandelt werden.

 *Bei Windelsoor sollten Eltern den Babypo nicht mehr mit Öl reinigen und pflegen, sondern ausschließlich Wasser verwenden.* Anschließend müssen der Po und die Beinfalten gut abgetrocknet werden, da der Pilz sich vor allem in feuchter Wärme entwickelt. Darüber hinaus empfiehlt es sich, soviel Luft wie möglich an den Po heranzulassen, also dem Baby öfter mal für einige Minuten die Windel auszuziehen – wenn es das mitmacht, denn manche Neugeborene schreien erbärmlich, wenn man ihnen die Windel und den wärmenden Strampler «wegnimmt».

Die Behandlung des Soors dauert etwa zwei bis drei Wochen und muß dann noch drei Tage weitergeführt werden, nachdem der weiße Belag im Mund und die Flecken am Po gänzlich verschwunden sind.

*Magenpförtnerkrampf:* siehe Kapitel 3, Seite 99; Kapitel 4, Seite 123
*Nabelentzündung:* siehe Kapitel 2, Seite 70

# Die Vorsorgeuntersuchungen (U 2 und U 3)

Erfreulicherweise gehen die meisten Eltern mit ihren Kindern zumindest zu den ersten der neun (bzw. zehn für privat Versicherte) Vorsorgeuntersuchungen, zu denen die Krankenkassen raten und die sie auch bezahlen. Leider läßt das Interesse mit der Zeit nach, so daß die älteren Kinder nicht immer dem Kinderarzt vorgeführt werden. Das ist nicht nur eine vertane Chance, sondern fahrlässig und unverantwortlich. Denn: **Bei den Vorsorgeuntersuchungen geht es vor allem darum, Krankheiten von Kindern früh zu erkennen und zu behandeln, so daß keine bleibenden Schäden eintreten.**

*Wozu sind die Vorsorgeuntersuchungen da?*

Drei der neun bzw. zehn «U»s fallen in die erste Zeit nach der Geburt, wobei die U 1 bereits im Kreißsaal gemacht wird. Wenn Sie im Krankenhaus entbunden haben, dann brauchen Sie sich um die U 2 auch nicht zu kümmern, da sie noch während Ihres Klinikaufenthaltes vorgenommen wird. Für die U 3 müssen Sie sich dann einen Termin bei Ihrem Kinderarzt geben lassen.

Haben Sie ambulant im Krankenhaus, in einer Praxis oder in einem Geburtshaus entbunden oder sind Sie eventuell bereits nach ein oder zwei Tagen nach Hause entlassen worden, dann sind Sie selber dafür zuständig, daß auch die U 2 rechtzeitig und von Ihrem Kinderarzt gemacht wird. Wenn Sie Glück haben, kommt Ihr Arzt zumindest zur U 2 zu Ihnen nach Hause.

Die folgenden Seiten basieren auf einem *Interview* mit dem Kinderarzt Dr. Peter Arnold, der Eltern hinter die Kulissen blicken läßt. Gutinformierte Mütter und Väter achten besser auf ihr Kind und können somit auch dem Arzt besser das mitteilen, was er zum Kennenlernen des Babys und als Information für seine Untersuchungen benötigt.

## U 2

Die zweite Vorsorgeuntersuchung sollte am dritten bis zehnten Lebenstag gemacht werden. Zu diesem Zeitpunkt sind die Reserven, die ein Baby vom Mutterleib mitbekommen hat, aufgebraucht, der kindliche Organismus muß sich jetzt selber erhalten. So kann eine Untersuchung zu diesem Zeitpunkt Erkrankungen zeigen, die unmittelbar nach der Geburt noch nicht erkennbar waren.

Aus seiner Klinikzeit erzählt Dr. Peter Arnold ein eindrucksvolles Beispiel. Er betreute ein Neugeborenes, das nach der Entbindung «vital und lebensfrisch» war, am zweiten Tag eher schlapp und am vierten gar bewußtlos. Der Grund war eine Eiweißstoffwechselstörung, die daran erkannt werden konnte, daß das Baby einen strengen Geruch ausstrahlte. Unmittelbar nach der Geburt hatte daran noch niemand gedacht.

### So läuft die Untersuchung ab

Nicht bei jedem Arzt läuft eine Untersuchung gleich ab. Aber in ihren Grundbestandteilen ist sie ähnlich. Um zu zeigen, wie eine «U» aussehen kann, schildert Dr. Peter Arnold, mit welchen Worten er die Eltern empfängt und was anschließend passiert. Dabei ist es gleichgültig, ob die «U» zu Hause oder in der Praxis gemacht wird. Der im folgenden beschriebene Ablauf gilt für die U 2 und die U 3, bei denen es keine großen Unterschiede gibt.

«Sind Sie zufrieden mit Ihrem Kind?» lautet die *Was passiert* erste Frage, die der Arzt an die Eltern richtet. *bei einer «U»?* Und er weiß, daß die Antwort ihm nicht nur sagt, ob die Eltern gut mit dem Baby zurechtkommen, sondern auch, «ob etwas nicht stimmt. Denn wenn die Mutter oder der Vater sagen: ‹Ja, natürlich, aber ...›, dann weiß ich schon, daß da ein Problem steckt.»

Die Schwierigkeiten mit dem Kind können zu solch einem frühen Zeitpunkt natürlich nicht nur durch eine Krankheit des Kindes verursacht sein, sondern auch z. B. durch Stillprobleme. Auch das will und muß der Kinderarzt hören, denn diese beeinflussen das Wohlbefinden des Neugeborenen natürlich erheblich.

Das **Gespräch mit den Eltern** steht also am Beginn der Untersuchung. So weiß der Arzt, schon *1.* bevor er sich das Baby ansieht, ob der Mutter oder dem Vater etwas aufgefallen ist, und er weiß auch, wonach er beim nächsten Mal fragen muß.

Dann wendet sich der Arzt dem Kind zu, natürlich vorsichtig, um es nicht zu erschrecken. Und bevor er das Neugeborene anfaßt, schaut er es erst einmal an. «Wie reagiert das Kind? Was tut es? Lächelt es, schreit es, wie bewegt es sich?» sind die Fragen, die er sich stellt, wenn er einen ersten Eindruck von dem Neugeborenen bekommen möchte.

Jetzt kommt die **genaue Betrachtung des** *2.* **ganzen Körpers,** wobei der Arzt mit der *Hautbeschaffenheit* beginnt. Häufig ist die Haut von Neugeborenen auch noch nach mehreren Tagen trocken, schuppend oder gerötet (siehe auch S. 156–158). Meist bedarf das aber keiner besonderen Behandlung.

Jetzt folgt die Untersuchung von oben bis unten. Dabei nimmt das *Gesicht* einen breiten Raum ein. Der Arzt kontrolliert, ob sich die Pupillen des Auges verengen und ob das Baby auf Licht reagiert (Tests haben ergeben, daß schon wenige Tage alte Kinder sich bewegenden Lichtquellen nachschauen). Er prüft, ob der Gehörgang richtig geformt und ein Trommelfell vorhanden ist. Er schaut den Mund, d. h. den Gaumen, das Zäpfchen, die Zahnleiste und die Zunge auf Fehlbildungen hin an. Er hält dem Neugeborenen den Mund und jeweils ein Nasenloch zu, weil sich dabei zeigt, ob die Nasengänge frei sind.

Die Atemwege und das Herz hört der Arzt gründlich mit dem Stethoskop ab.

Für die Untersuchung des *Bauches* benötigt der Arzt nur seine Hände. Damit kann er fühlen, ob die Leber, die Milz und die Nieren die altersgemäße Größe und den entsprechenden Sitz haben und ob es irgendwo Verhärtungen oder einen Nabelbruch gibt.

Die *Genitalien* folgen. Beim Jungen wird kontrolliert, ob die Hoden im Hodensack zu fühlen sind und ob der Penis Fehlbildungen aufweist. Beim Mädchen schaut der Arzt, ob die Schamlippen verklebt sind (was gar nicht so selten vorkommt), und er verschreibt eventuell eine Östrogensalbe.

Bei *Armen und Beinen* (den Extremitäten) wird die Gelenkbeweglichkeit geprüft. *Hände und Füße* stehen anschließend auf der Liste, denn recht häufig sind Zehen oder Finger nicht hundertprozentig in Ordnung (was meist nur ein kosmetisches Problem darstellt).

3.  Am Ende aller «Prüfungen» stehen die **Reflexe und «Lagereaktionen»,** d. h., es wird getestet, wie

sich ein Neugeborenes in einem dreidimensionalen Raum orientiert. «Ich frage mich», erklärt Dr. Peter Arnold, «wie liegt das Baby da? Hat es eine stabile Lage? Und was geschieht, wenn ich es unter dem Bauch hochnehme? Hebt es Beine und Arme hoch? Was tut es, wenn es hingestellt wird? Fängt es an zu laufen? Was macht es, wenn ich es am rechten Arm und am linken Bein hochhebe? Versucht es, sich abzusichern? Oder wenn ich es an beiden Beinen kopfüber baumeln lasse? Will es sich abstützen, und wirft es dabei den Kopf entweder nach vorn oder nach hinten, um ihn zu schützen?»

Einen Reflex haben übrigens alle Eltern an ihren Babys schon mindestens einmal vor der U 2 beobachtet: den «Moro-Reflex» oder das sogenannte globale Moro-Muster, bei dem ein Kind die Arme nach vorn wirft und die Beine anzieht, wenn es ein unbekanntes Geräusch hört oder mit einer schnellen Bewegung konfrontiert wird. Eltern halten dann ihr Baby für sehr schreckhaft, aber das Kind zeigt eine ganz normale Abwehrreaktion auf etwas, das es nicht einschätzen kann. Das «Moro-Muster» verschwindet nach zwei bis drei Monaten von allein, bei behinderten Kindern kann es bleiben.

Die Reflexe eines Neugeborenen sind angeboren, und sie verschwinden meist nach einigen Monaten. Zum Zeitpunkt der U 2 allerdings sind sie noch vollständig vorhanden und zeigen dem Arzt Fehlbildungen. Wenn ein Baby nicht altersgerecht entwickelt ist, dann ermöglicht das frühe Erkennen eine ebenso frühe Behandlung (häufig mit Krankengymnastik), so daß daraus gar nicht erst Behinderungen entstehen können.

### Guthrie-Test und BCG-Impfung

Zur U 2 gehören noch zwei Vorsorgemaßnahmen, die dem Baby im Gegensatz zu allem Vorangegangenen Schmerzen bereiten. Die erste ist der

4. **Guthrie-Test,** für den dem Neugeborenen Blut aus der Ferse abgenommen wird und der Arzt jeweils mehrere Tropfen auf ein Testkärtchen aufträgt. (Bei ambulanten Geburten ist das übrigens Aufgabe der Hebamme, die die Nachsorge macht.) Mit dem Guthrie-Test erhalten Eltern und Arzt Aufschluß über Stoffwechselerkrankungen, die durch bestimmte Enzym- oder Hormonmangelzustände entstehen.

5. Den zweiten Piks erhalten nur ganz wenige Babys. Er besteht aus einer **Impfung gegen**

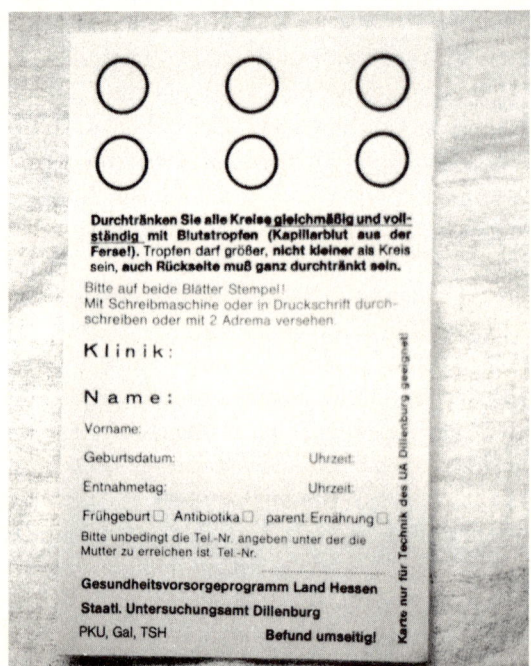

Der Guthrie-Test zum Erkennen von Stoffwechselkrankheiten

**Tuberkulose** (BCG, im Fachjargon). Diese wird nur bei Ansteckungsgefahr durchgeführt, also falls ein Familienmitglied an Tuberkulose erkrankt ist oder die Eltern in einem Land leben (oder vorhaben, dort zu leben), in dem die Tuberkulose sehr verbreitet ist.

## Rachitis-Prophylaxe

Früher war die Krankheit ein Schreckgespenst. Denn Neugeborene vor Rachitis (Knochenerweichung) zu schützen, das fiel Müttern von Winterbabys äußerst schwer. Sie konnten nur auf den lieben Gott vertrauen.

Dann fanden die Kinderärzte heraus, wie sie die Babys schützen konnten: mit Vitamin D. Das wurde den Kindern in verschiedenen Abständen in einer sehr hohen Dosis gespritzt. Heute sieht die Prophylaxe anders aus: **Säuglinge erhalten im ersten Lebensjahr täglich eine Tablette Vitamin D (manche Eltern geben sie zwei Jahre lang) und werden so auf sanfte Weise vor Rachitis geschützt.**

*Warum sollen alle Säuglinge Vitamin-D-Tabletten nehmen?*

Und so geben Sie Ihrem Baby die Tablette: Schieben Sie das winzige Ding einfach seitlich in die Backe, oder legen Sie es bei Flaschenkindern in den Sauger. Dort löst sich die Tablette sehr schnell auf (siehe auch Kapitel 3, S. 93, und Kapitel 4, S. 120).

Bei Fachleuten ist die Gabe des Vitamins umstritten, weil noch keine Langzeitstudien über die Folgen der Einnahme erstellt wurden. So gibt es eine ganze Reihe Mediziner – und auch Eltern –, die ihren Patienten bzw. Kindern kein Vitamin D geben, weil sie prinzipiell jede Gabe eines Medikaments vermeiden möchten. Falls Sie Ihrem Kind die Tabletten nicht verabreichen wollen,

6.

dann sollten Sie allerdings nach etwa drei Monaten unbedingt untersuchen lassen, ob Ihr Baby an einem Vitamin-D-Mangel leidet oder nicht. Das geschieht durch eine Blutentnahme. Danach können Sie erneut entscheiden.

**Die Tabletten gibt es auch in Kombination mit Fluorid, das Karies verhindern kann.** Hierüber streiten sich die Gelehrten ebenfalls. Die einen meinen, Fluorid schade dem Neugeborenen, weil es Einlagerungen im Zahnschmelz verursachen und die Zahnentwicklung behindern könne. Die anderen plädieren für eine kontinuierliche Versorgung mit Fluorid. Dr. Peter Arnold empfiehlt, bei der Entscheidung die gesamte Lebens- und Ernährungssituation des Babys zu betrachten. Kariesvorsorge (vor allem des älteren Babys) geschieht vor allem durch eine regelmäßige Reinigung der Zähne und eine vollwertige Ernährung; darüber hinaus sollte Fisch öfter auf dem Speiseplan stehen und fluoridiertes Salz verwendet werden. Das alles müssen Sie beachten, wenn Sie überlegen, ob Sie Ihrem Kind Vitamin-D-Tabletten mit oder ohne Fluorid geben. Eltern von Neugeborenen betrifft der Ärztestreit eigentlich noch nicht, aber sie sollten um die Argumente pro und kontra wissen.

### Ultraschall der Hüfte und der Nieren

*Er ist kein obligatorischer Bestandteil einer der Vorsorgeuntersuchungen und wird von einem Arzt angewendet, vom anderen nicht.* Die Krankenkassen bezahlen ihn allerdings anstandslos. Falls Ihr Kinderarzt kein Ultraschallgerät besitzt, dann bitten Sie ihn um eine Überweisung zu einem Orthopäden.

Mit dem Ultraschall können Fehlbildungen er-

kannt werden, die, später entdeckt, bereits großen
Schaden angerichtet haben und lebenslange Folgen nach sich ziehen. So gibt es nicht wenige Kinder, bei denen schon im Alter von zwei oder drei
Jahren Hüftoperationen notwendig werden, nur
weil sie in den ersten Lebensmonaten nicht richtig
untersucht worden sind. Wäre das geschehen, so
hätte vermutlich Krankengymnastik als Behandlung genügt.

**Weil die Folgen einer nicht behandelten Hüft-
fehlstellung oder Nierenfehlbildung so schwer-
wiegend sind, sollten Sie die Untersuchung machen lassen, auch wenn nicht hundertprozentig
geklärt ist, ob Ultraschalluntersuchungen vollständig gefahrlos sind.**

*Sind die Ultraschall-
untersuchungen der
Hüfte und der Nieren
notwendig?*

Der Ultraschall der Hüften und der Nieren
kann übrigens entweder bei der U 2 oder bei der
U 3 und er sollte spätestens bei der U 4 (3. bis 4.
Lebensmonat) gemacht werden.

## U 3

Zwischen der U 2 und der U 3, die in der 4. bis 6.
Lebenswoche ansteht, gibt es keinen großen Unterschied. Allerdings wird der Arzt Sie einiges fragen, was ihn bei der U 2 noch nicht interessiert
hat.

Am wichtigsten ist die Frage der **Ernährung.** *1.*
Jetzt sind sich die meisten Mütter sicher, ob sie
weiter stillen oder ob sie lieber mit der Flasche
füttern wollen. Und es hat sich auch gezeigt, ob
Mutter und Kind damit zurechtkommen. In diesem Zusammenhang wird das Gewicht des Kindes
kontrolliert, wobei der Arzt sich vor dem Wiegen
das Baby anschaut: Wirkt es zufrieden? Ein sattes
Kind hat zunächst keinen Grund, unglücklich in

die Welt zu schauen. Darüber hinaus ist wichtig, ob das Baby entsprechend seinem Geburtsgewicht zugenommen hat, d. h., ein bei der Entbindung leichtes Kind sollte mehr Pfunde zugelegt haben als ein schwereres. Sie finden übrigens hinten im Untersuchungsheft Kurven, in denen Größe und Gewicht Ihres Babys eingetragen werden und an denen Sie ablesen können, ob es sich damit im Normbereich befindet. Zu Ihrer Beruhigung: Kaum ein Kind wiegt tatsächlich beunruhigend zuviel oder zuwenig.

2. Die **Verdauung** des Babys ist ebenfalls ein Thema bei der U 3. Probleme mit dem Stuhlgang und dem Wasserlassen zeigen sich spätestens jetzt und müssen dann auch bald behandelt werden.

Zum Thema **Schlaf** fragen die Eltern Dr. Peter Arnold regelrecht ein Loch in den Bauch. «Wie oft? Wie lang?» usw., und dabei kann eigentlich nur das Baby die Antwort geben. Der Arzt fragt oft zurück, wie denn die Schwangerschaft verlaufen sei, also wie regelmäßig die Mutter in diesen Monaten gelebt und vor allem geschlafen habe. Das ist von nicht unerheblichem Einfluß auf das Schlafverhalten des Neugeborenen. In einem Punkt allerdings enttäuscht der Arzt viele Eltern: Vier- bis sechswöchige Babys schlafen selten durch, und die meisten Mütter und Väter müssen sich noch auf viele Monate unterbrochener Nächte einstellen.

3. Bei der **Kontrolle der Sinne** spielt jetzt das *Gehör* eine wichtigere Rolle, denn es hat sich in den ersten Lebenswochen stark entwickelt. Fast alle Väter und Mütter wissen allerdings bereits, ob ihr Baby auf eine raschelnde Zeitung reagiert.

4. Fortschritte hat das Kind auch bei der **Kopf-kontrolle** gemacht. Einige Babys können den

Kopf jetzt schon halten, wenn man sie hochhebt. Aber eben nur einige – und so sind manche Eltern enttäuscht. Sie berücksichtigen nicht, daß das Gewicht des Neugeborenenkopfes immer noch ein Viertel bis ein Drittel des Gesamtgewichtes ausmacht. Rechnen Sie das einmal auf Ihr eigenes Körpergewicht um! Wann ein Baby den Kopf halten kann, ist übrigens vollkommen verschieden, die meisten beherrschen das nach drei bis vier Monaten.

## Das Impfgespräch

Am Ende der U 3 steht die **Beratung** über die bei der U 4 anstehenden Impfungen. So können sich die Eltern bis zum nächsten Termin gründlich überlegen, ob sie ihr Kind impfen lassen wollen.

5.

    **Das Bundesgesundheitsamt empfiehlt zu diesem Zeitpunkt Impfungen gegen Diphterie, Keuchhusten (Pertussis), Tetanus, Kinderlähmung (Polio) und gegen die häufigste Form der Hirnhautentzündung, die sogenannte Haemophilus influenzae oder Hib (Impfkalender vom Juli 1991).**

*Welche Impfungen stehen bei der U 4 an?*

    Unumstritten sind übrigens die Impfungen gegen Diphterie, Tetanus und Kinderlähmung. *Über die Notwendigkeit einer Impfung bei Keuchhusten und Hib streiten sich Ärzte, Gesundheitsämter, Pädagogen und Eltern.* Die Vorteile der jeweiligen Impfung müssen gegen die Nebenwirkungen abgewogen werden. Deshalb sollten Sie sich so ausführlich wie möglich mit Ihrem Arzt über die Impfungen unterhalten. Dann fällt Ihnen die Entscheidung zumindest ein bißchen leichter, abnehmen kann sie Ihnen niemand.

Kapitel 9
# Die Nachsorge

«Und wer kümmert sich um mich?» fragt sich so manche frischgebackene Mutter, die Tag und Nacht ihr Baby umsorgt. Denn die Schwestern im Krankenhaus haben keine Zeit, nach einer ambulanten Geburt wartet gleich der Haushalt, und die meisten Besucher interessieren sich sowieso nur für das Neugeborene. Deshalb soll es in diesem und dem folgenden Kapitel um die Mutter gehen, und zwar um ihre physische und psychische Gesundheit.

Bei den Hausbesuchen, die die freien Hebammen bei den jungen Müttern machen, geht es in erster Linie um die Frau – vorausgesetzt, dem Kind fehlt nichts. «Wie geht es Ihnen? Wie haben Sie geschlafen? Haben Sie Schmerzen?» fragt die Hebamme. Stefanie Hein erinnert sich noch genau, wie erstaunt sie war, daß einmal nicht ihr Baby im Vordergrund stand. Die Hebamme macht das aus gutem Grund: Eine Mutter, die selber wohlversorgt und gesund ist, kann sich besser um ihr Kind kümmern.

*Nehmen Sie sich jeden Tag ein bißchen Zeit für sich selbst (eine halbe Stunde reicht schon), ruhen Sie sich aus, tun Sie etwas Entspannendes!*

## Nachwehen

Beim ersten Kind bleiben viele davon verschont, bei jedem weiteren Baby treten die Nachwehen häufiger auf. Sie beginnen meist zwei bis drei Stunden nach der Geburt. Meistens sind sie äußerst schmerzhaft, und zwar nicht wegen ihrer Heftigkeit, sondern wegen ihrer Länge. Denn Wehen, die länger als zwei oder drei Minuten dauern, lassen sich sehr schwer veratmen.

Es gibt nur wenige Maßnahmen und Mittel gegen die Nachwehen. **Liegen Sie viel auf dem Bauch! Und falls Ihr Kreislauf es zuläßt: Laufen Sie viel herum!** Bei beidem kann der Wochenfluß besser ablaufen, und die Nachwehen werden erträglicher. Schon das dritte Mittel bedeutet den Griff in den Arzneimittelschrank, den sich auch Frauen, die stillen, (in Grenzen) erlauben dürfen. Denn oft hilft bei sehr starken Nachwehen nur noch eine Tablette **Paracetamol.**

*Was kann ich gegen Nachwehen tun?*

Und dann gibt es noch einen schwachen Trost: Die Nachwehen hören in fast allen Fällen nach etwa drei bis vier Tagen auf.

## Rückbildung

Kaum ein Frauenarzt und kaum eine Krankenschwester erklärt den Patientinnen, was eigentlich in den Wochen nach der Geburt im Körper der Frau passiert. Dabei ist das neben der Milchbildung (wenn gestillt wird) etwas ganz Entscheidendes: **Die Gebärmutter bildet sich zurück, d. h., sie nimmt ihre ursprüngliche Größe und Form wieder an.** Dieser Prozeß dauert etwa sechs bis acht Wochen (auch bei Frauen mit Kaiserschnitt, weshalb alles Folgende auch für sie gilt).

*Was passiert nach der Geburt im Körper der Frau?*

**Dabei schließen sich die nach der Geburt offenen Blutgefäße an der Stelle, an der die Plazenta saß. Die Blutungen aus den beim Abreißen der Gefäße entstandenen Wunden sind der Wochenfluß.** Beim Abheilen der offenen Stellen verändert sich die Farbe des Blutes, und zwar von hellrot in dunkelbraun (meist nach einigen Tagen). **Der Wochenfluß versiegt bei manchen Frauen nach 14 Tagen, bei anderen erst nach etwa sechs Wochen.**

Manchmal stauen sich die Blutungen, was eine Verzögerung der Gebärmutterrückbildung bedeuten kann. Das merken Frischentbundene daran, daß sich Blutkogel (blutige fünfmarkstückgroße Hautfetzen, die wie Leber aussehen) im Wochenfluß finden. Wenn diese abgehen, läuft meist eine Stunde lang wieder vermehrt frisches Blut ab. Das passiert auch nach einigen der folgenden Vorsorgemaßnahmen und stellt keinen Grund zur Beunruhigung dar.

### Der Wochenfluß

*Wie gehe ich mit dem Wochenfluß um?* Es gibt ein paar Dinge, die Frauen beachten sollten, solange der Wochenfluß anhält.

Um Stauungen des Wochenflusses zu vermeiden, ist es empfehlenswert, wenn sich Frischentbundene **viel auf den Bauch legen,** am besten mit einem kleinen Kissen unter dem Becken. Das bewirkt, daß die normalerweise leicht nach vorn gekippte Gebärmutter gerade liegt und das Blut besser abfließen kann. Diese Übung empfiehlt sich allerdings nur bis zum Milcheinschuß, denn danach empfinden viele die Bauchlage eher als unangenehm.

Wer auf Tee schwört, kann morgens und abends jeweils eine Tasse **Frauenmantel- oder**

**Hirtentäscheltee** trinken. Beides fördert die Rückbildung.

Wichtig ist auch der **häufige Gang zur Toilette,** und zwar selbst dann, wenn Sie meinen, gar nicht Wasser lassen zu müssen. Nach einer Geburt benötigen die inneren Organe einige Tage, bis sie wieder ihre normale Lage eingenommen haben. Bis dahin spüren Frauen ihre volle Blase nicht, die die Gebärmutter hochdrücken und somit das Ablaufen des Wochenflusses verhindern kann. Das häufigere Wasserlassen auf Verdacht verhindert auch, daß ein vollständiges Harnverhalten dadurch eintritt, daß die Blasenmuskulatur überdehnt wird – was nicht selten passiert. Es gibt übrigens einen Grund dafür, daß Frauen den Toilettengang vergessen: Vor der Geburt drückt das Baby ständig auf die Blase, die angehende Mutter «muß» ständig, auch wenn nur ein paar Tropfen fließen – und wenn diese «Erinnerung» aus dem Bauch verschwunden ist, sind die Mütter froh, daran nicht mehr ständig denken zu müssen.

Da der Wochenfluß insbesondere unmittelbar nach der Geburt sehr viel stärker als eine Periode ist, brauchen Frauen entsprechendes «Verpackungsmaterial». Selbst die im Handel erhältlichen Nachtbinden reichen hier bei weitem nicht aus. Am saugfähigsten (weil am größten) sind sogenannte **Vlieswindeln oder Flockenwindeln.** Sie haben keinen Plastiküberzug (das ist angenehm), und deshalb sollten jeweils zwei davon verwendet und häufig gewechselt werden. Am sinnvollsten ist die Anschaffung einer (preiswerten) Vorratspackung von 100 Stück. Bleiben davon tatsächlich einige übrig, dann heben Sie sie für die ersten Tage der Periode auf (bei der viele Frauen wenige Monate nach der Geburt noch keine Tampons verwenden wollen), oder verwenden Sie sie als Einlage für Stoffwindeln.

Der Wochenfluß ist **infektiös,** deshalb sollten Sie die Hygiene wichtig nehmen. Sie brauchen nicht zu übertreiben, aber auf eines sollten Sie achten: **Das Baby darf mit dem Wochenfluß nicht in Berührung kommen.**

Das Stichwort Tampons bedarf hier noch einer Ergänzung: Sie sind nicht geeignet, den Wochen-*Darf ich Tampons* fluß aufzuhalten. **Sie können Stauungen verursa-***benutzen?* **chen und außerdem einen Bakterienherd für den infektiösen Wochenfluß darstellen.**

## Rückbildungsgymnastik

Die Rückbildung der Gebärmutter läßt sich auch durch gezielte gymnastische Übungen beschleunigen. Wenn Frauen in der Klinik entbinden, haben sie allerdings häufig keine Chance, an der Rückbildungsgymnastik teilzunehmen. Denn dazu *Das große Kind* kommt keine Hebamme ans Bett, sondern die *«turnt» mit*

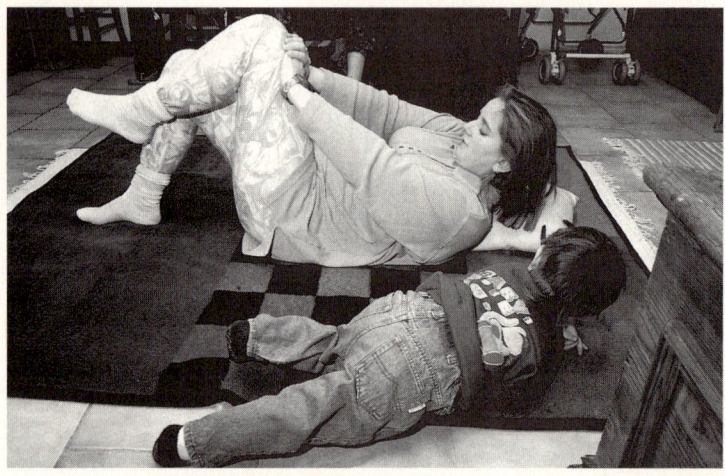

Frauen treffen sich in einem separaten Raum. Doch nicht jede Mutter, insbesondere wenn sie einen Kaiserschnitt hat, fühlt sich dazu in der Lage. Darüber hinaus finden die Stunden an Feiertagen und Sonntagen natürlich nicht statt. Zu alledem kommt noch, daß es keine Verpflichtung gibt, einen solchen Kurs zu absolvieren. Drückebergerinnen haben gute Chancen.

Wer ambulant oder zu Hause entbindet, hat es leichter. Die nachsorgende Hebamme kommt täglich, und die Rückbildungsgymnastik stellt einen wichtigen Punkt in der häuslichen Pflege dar.

Warum die lange Vorrede um die Rückbildungsgymnastik, werden Sie jetzt fragen. **Es hat sich erwiesen, daß Frauen, die sofort nach der Geburt (genauer: am 2. Tag) mit Beckenbodenübungen beginnen, sehr selten unter Gebärmuttersenkungen und Harninkontinenz leiden.** Eine Gebärmutter, die nicht richtig zurückgebildet wird, senkt sich und drückt auf die Blase (manchmal rutscht sie gar nach außen). Die Folge ist ständiges Urintröpfeln (Harninkontinenz), und zwar auch dann, wenn eine Frau es gar nicht merkt. Das einzige Mittel dagegen ist eine Operation.

*Warum muß ich Rückbildungsgymnastik betreiben?*

Nach dieser drastischen Schilderung der Folgen versäumter Rückbildungsgymnastik für den Beckenboden sind Sie vielleicht eher bereit dazu, einige einfache Übungen zu machen.

Die Motivation für die Straffung der Bauchmuskeln ist etwas leichter. Denn der ausgeleierte Bauch stört viele Frauen, so daß sie freiwillig etwas dagegen tun.

## Am 1. Tag nach der Geburt
Sicherlich schütteln Sie jetzt gleich den Kopf: «Die Gymnastik beginnt doch erst am zweiten

*Übung für die Rückbildung*

Tag. Außerdem möchte ich jetzt meine Ruhe!» Sie müssen nicht turnen, wir wollen Sie nur an den oben (S. 185) gegebenen Tip erinnern, sich möglichst viel auf den Bauch zu legen, am besten mit einem kleinen Kissen unter dem Becken. Das gilt bereits als «Gymnastik». Sie fördert die Rückbildung der Gebärmutter, läßt den Wochenfluß besser fließen und hilft zudem gegen Nachwehen.

## Am 2. Tag nach der Geburt

Jetzt geht es um Ihren Beckenboden (also die Muskeln rund um die Scheide herum), der eine wichtige Haltefunktion für die Gebärmutter, die Blase und den Darm hat. Der trainierte Beckenboden verhindert, daß es zu Gebärmuttersenkungen kommt. Nach der Geburt allerdings ist er ziemlich «ausgeleiert», denn um das Baby durchzulassen, mußte er sehr stark gedehnt werden. Als Trost vorneweg: Die Übungen müssen nicht gleich klappen, wichtig ist, daß sie gemacht werden.

*Übungen für den Beckenboden*

1. Übung: Stellen Sie sich vor, daß ihr Beckenboden «blinzelt», genauso wie Ihre Augen. Spannen Sie die Muskeln leicht an, entspannen Sie wieder. Wiederholen Sie dies so oft, wie sie mögen.

2. Übung: Stellen Sie sich einen runden, weichen Pfirsich vor, den Sie in der Scheide drehen sollen.

Beide Übungen lassen sich problemlos überall machen. Am besten benutzen Sie als Erinnerung daran eine immer wiederkehrende Situation, wie z. B. das Stehen vor einer roten Ampel, dem Waschbecken oder dem Wickeltisch. Selbstverständlich dürfen Sie das Blinzeln und Drehen auch im Sitzen üben.

3. Übung: Nur im Schneidersitz funktioniert die dritte Beckenbodenübung. Stellen Sie sich vor, unter Ihrem Po lägen viele kleine Kirschkerne. Und die wollen Sie nun mit der Scheide und mit dem After «aufpicken». Da das nicht mit beiden Körperöffnungen gleichzeitig funktioniert, müssen Sie sie getrennt picken lassen.

Nicht nur der Beckenboden wird beim Kinderkriegen arg strapaziert, auch die Bauchmuskeln werden sehr in Mitleidenschaft gezogen – allerdings eher von der Schwangerschaft als von ihrem Ende. Bei manchen Frauen sind überdehnte Bauchmuskeln vor allem ein Schönheitsmakel, bei anderen stellen sie ein medizinisches Problem dar. Wenn nämlich die geraden Bauchmuskeln nach einer Geburt vorn auseinanderklaffen, dann zieht das eine Überlastung der Rückenmuskulatur nach sich; die Folge sind Rückenschmerzen.

*Diese Übungen lassen sich leicht in den Alltag integrieren, so daß Sie nicht das Gefühl haben, ständig Gymnastik zu betreiben.* Denn vieles läßt sich zwischendurch, beim Kochen, Wäscheaufhängen oder Auf-dem-Sofa-Liegen machen.

Die Übungen werden Sie vielleicht überraschen, falls Sie während der Schwangerschaft keinen Geburtsvorbereitungskurs besucht haben. Denn wichtigster Grundbestandteil ist die Atmung, nicht die Bewegung. Deshalb sollten Sie zunächst genau lesen, wie Sie Luft holen müssen:

Atmen Sie durch die Nase ein und langsam durch den Mund wieder aus. Während Sie ausatmen, lassen Sie Ihren Bauch einsinken und Ihren Körper ganz rund werden, indem Sie das Schambein hochziehen und die Rippen aufeinander zubewegen. Das hört sich wesentlich komplizierter

*Übungen für die Bauchmuskeln*

an, als es ist. Versuchen Sie, diese Atmung in vier Haltungen durchzuführen. Wiederholen Sie die Übungen jeweils fünf- bis zehnmal.

1. Haltung: Legen Sie sich auf den Rücken, und stellen Sie die Beine auf. Kontrollieren Sie Ihre Atmung; dazu können Sie Ihre Hände auf den Bauch legen.
2. Haltung: Legen Sie sich auf die Seite, dabei lassen Sie die Beine angewinkelt und den Rücken gerade. Eine Hand liegt zur Überprüfung auf dem Bauch.
3. Haltung: Gehen Sie in den Vierfüßlerstand, und probieren Sie so, während Sie ausatmen, den Bauch einzuziehen, das Schambein hochwandern zu lassen und die Rippen einzuziehen. Diese Übung ist für Fortgeschrittene mit viel Ausdauer. Sie muß nicht klappen...
4. Haltung: Stellen Sie sich hin, und stützen Sie hierbei die Arme auf, z. B. auf ein Fensterbrett, einen Stuhl etc. Ihr Rücken sollte dabei gerade sein. Und jetzt probieren Sie wie oben beschrieben zu atmen. Wem das gelingt, der kann sich noch zusätzlich auf die Zehenspitzen stellen, dann werden auch noch die Fußsohlen- und Wadenmuskeln trainiert.

## Am 3. Tag nach der Geburt

Nun können Sie die Übungen intensivieren. Voraussetzung ist, daß Sie nicht mehr unter starken Nachwehen leiden, dann sollten Sie sich noch einen oder zwei Tage Zeit lassen.

*Übungen für den Beckenboden*    Die Beckenbodenübungen sind die gleichen wie am 2. Tag, Sie können nur vielleicht ein bißchen öfter «blinzeln» und «picken».

Die Gymnastik für den Bauch wird ein bißchen schwieriger. Wenn Sie die Übungen des 2. Tages beherrschen, dann allerdings bereiten Ihnen auch diese Abwandlungen keine Probleme.

1. Haltung: Sie legen sich auf den Rücken und atmen so wie am 2. Tag, d. h. ausatmen, Bauch einsinken lassen, Schambein hochziehen, Rippen aufeinander zubewegen. Und jetzt kommt's: Stemmen Sie die Fersen gegen die Unterlage, und ziehen Sie Ihre Hände abwechselnd am rechten bzw. linken Knie vorbei. Die Handinnenseiten weisen dabei nach vorn. Zusätzlich heben Sie Kopf und Schulter leicht an. *Übungen für die Bauchmuskeln*

2. Haltung: Sie gehen in die Seitenlage und atmen wie vorher. Währenddessen legen Sie die oben liegende Hand neben Ihren Bauch und drücken sie immer fester gegen die Unterlage. Die Beine lassen Sie angewinkelt und ziehen die Zehen in Richtung Schienbein hoch. Wiederholen Sie das Ganze sechs- bis achtmal, und drehen Sie sich dann auf die andere Seite.

3. Haltung: Nehmen Sie den Vierfüßlerstand ein, und atmen Sie wie oben beschrieben. Dabei drücken Sie die linke Hand und das rechte Knie fest gegen die Unterlage. Beim nächsten Mal wechseln Sie und lassen die rechte Hand und das linke Knie arbeiten.

4. Haltung: Versuchen Sie die Atmung im Stehen, und zwar ohne sich abzustützen. Dabei stellen Sie sich auf die Zehenspitzen.

## Zur Kontrolle

Wer zwischendurch testen möchte, welche Fortschritte die Heilung des Beckenbodens macht, der kann das mit zwei Übungen tun: mit dem

1. «Urinstoptest». Versuchen Sie, den Urinstrahl anzuhalten (einmal genügt). Wenn Ihnen das gelingt, ist ihr Beckenboden wieder recht fit. *Übungen zur Kontrolle*

2. «Hüpftest». Er ist aber erst ab der 12. Woche sinnvoll. Hüpfen Sie einmal breitbeinig, und husten Sie dabei. Wenn alles trocken bleibt, ist Ihr Beckenboden wieder im alten Zustand. Wenn nicht, wiederholen Sie den Test nach ein paar Tagen.

**Vorsicht!**

Keine Gymnastik, aber dafür eine Vorsichtsmaßnahme legen die Hebammen den frischgebackenen Müttern (auch denjenigen, die mit Kaiserschnitt entbunden haben!) ans Herz, und die *Wie lange darf ich* heißt: **In den ersten sechs Wochen nach der Ge-** *nicht schwer heben?* **burt dürfen Sie nicht schwer heben. Sonst drückt das übermäßige Gewicht auf den jetzt noch weichen Beckenboden.**

## Nahtpflege

Leider ist die Dammschnittrate in den meisten Kliniken erstaunlich hoch (40 bis 60 Prozent). Medizinisch rechtfertigen lassen sich vermutlich nicht alle Schnitte, aber eine Frau hat während der Geburt keinen Einfluß darauf, und einen Beweis für die Unnötigkeit kann sie schon gar nicht erbringen.

Immerhin, vor einem bleiben betroffene Mütter bewahrt: vor dem Fädenziehen, denn die heute verwendeten Materialien lösen sich nach einigen Tagen von selber auf.

*Wie muß die* **Falls Sie geschnitten wurden, gibt es einige** *Dammnaht* **bewährte Methoden, die damit verbundenen** *gepflegt werden?* **Schmerzen bzw. Beschwerden erträglicher zu machen und die Heilung zu beschleunigen.**

Eine normale Naht oder einen kleinen Riß zu ertragen ist leichter, wenn Sie die Scheide zwei- bis
dreimal täglich (am besten nach einem Toilettengang) in der Dusche oder im Bidet **mit warmem
Wasser abspülen, trockentupfen und fönen.** Falls
Sie kein Bidet haben, können Sie sich genausogut
auf den Badewannenrand setzen.

*Normale Naht oder kleiner Riß*

Angenehme Kühlung vermittelt **Johannis-
krautöl,** das mehrmals täglich (am besten nach
dem Waschen) auf die Naht aufgetragen wird.
Das fällt Ihrem Partner vermutlich leichter als
Ihnen selber. Manche Männer allerdings scheuen
sich, das Öl aufzutragen, zum einen aus Scham
und zum anderen, weil die Scheide einer
Frischentbundenen wegen des Wochenflusses
einen unangenehmen Geruch hat. Paula Blumes
Mann hatte keine Scheu, aber als ihm die Duft-
wolke entgegenkam, meinte er: «Das Schmieren
macht mir ja nichts, aber du hättest mich ja mal
kurz warnen können…»

Sanfte Hilfe leisten auch **Kompressen mit Bein-
wurztee.** Zwei Teelöffel Tee werden mit zwei Tassen kochendem Wasser übergossen. Das Ganze
soll 20 Minuten ziehen. Beinwurz fördert die
Durchblutung und regt die Neubildung von Zel-
len an.

Als wenig sinnvoll während der allerersten
Tage nach der Geburt haben sich hingegen Sitzbäder erwiesen. Sie weichen die Haut auf, und gerade die Nässe ist es, die die Heilung verhindert.
*Wenn Sie Sitzbäder machen möchten, dann warten
Sie damit am besten bis zum vierten Tag nach der
Geburt.* Als Zusatz empfiehlt sich hier Tannolact
(das ist Eichenrinden-Extrakt), das austrocknet
und juckreizstillend wirkt.

*Schwellung und* Schwellungen und Blutergüsse verschwinden am
*Blutergüsse* schnellsten durch Kühlung mit – lachen Sie nicht!
– **Kondomen,** die vorher mit Wasser gefüllt ins
Gefrierfach gelegt worden sind. Sie sollten nicht
in die Scheide eingeführt werden, sondern an ihr,
d. h. in der Unterhose, liegen. Vorsicht vor Verbrennungen, die bei Kontakt mit Gefrorenem entstehen können! Diese Gefahr besteht nicht bei
kleinen **Kirschkernsäckchen,** die, ins Gefrierfach
gelegt, genauso kühlen wie Kondome.

Heilsam sind zudem **Umschläge mit Rivanol-Lö-
sung.** Dazu lösen Sie eine Filmtablette in einem
Liter Wasser auf und befeuchten eine Binde oder
eine Slipeinlage mit der Lösung. Vorsicht: Rivanol färbt gelb, Verfärbtes ist rettungslos verloren!

Die klassische Schulmedizin liefert bei Bluter-
güssen noch zahlreiche weitere Mittel, empfehlenswert ist «**Exhurid-Salbe**».

*Dammriß* Ein Dammriß 3. Grades (d. h., der Schließmuskel
*3. Grades* ist angerissen) wird genauso gepflegt wie eine normale Dammnaht. Darüber hinaus müssen betrof-
fene Frauen auf ihre **Ernährung** achten, denn der
Stuhlgang sollte nicht zu hart werden. Im Krankenhaus weiß man das Allheilmittel, nämlich Ab-
führtabletten. Doch die haben eine Nebenwir-
kung, die jungen Müttern nicht recht sein kann:
Die Neugeborenen können Durchfall bekommen,
und der ist bei Säuglingen nicht harmlos. Besser
ist es deshalb, auf die Tabletten zu verzichten und
verdauungsfördernde Nahrungsmittel zu sich zu
nehmen, also Joghurt mit Leinsamen zum Beispiel, Trockenfrüchte und Vollkornbrot (Vorsicht
mit Roggen bei Stillkindern!). Bei manchen Frau-
en hilft auch Kaffee, der allerdings wie Roggen
Blähungen beim Kind verursachen kann.

Wenn das nichts nützt, bleibt der Griff zum **Mi-niklistier** (Mikroklistier), das nicht den komplet-ten Darm entleeren soll, sondern nur den Anfang des Stuhlgangs etwas weicher werden läßt.

Eine offene Naht bedarf ärztlicher Kontrolle, denn es können Infektionen auftreten. Die Hei-lung läßt sich durch Spülungen unterstützen, die Sie allerdings nicht allein machen sollten. Die Schwester oder die Hebamme verwenden dazu Rivanol- oder Kochsalzlösungen. Auch Calen-dulaessenz und Zucker leisten hier gute Dienste.

*offene Naht*

Die Ursache für eine offene Naht kann mitun-ter kurios sein, wie z. B. bei Cordula Menger. Sie hat eine Allergie gegen Katzendarm, und genau aus diesem Stoff sind viele Operationsfäden ge-macht; so geschah es, daß sich die Fäden ihrer Dammnaht schneller verflüchtigten, als dies sein sollte. Wenn Sie also an einer so seltenen Form der Allergie leiden, dann teilen Sie das dem medi-zinischen Personal unbedingt mit!

Bei manchen Frauen heilt die Dammnaht recht schnell, bei anderen dauert es vierzehn Tage. In dieser Zeit passieren häufig zwei Dinge:

1. Gegen Ende der ersten Woche nach der Geburt plagt viele Frauen der Juckreiz. Sie meinen, sie würden an einem Pilz leiden, doch das trifft nicht zu. **Die Ursache des Juckens ist meist nicht die Dammnaht, sondern es sind die nachwachsen-den Haare** (selbst wenn nur wenig rasiert wur-de). Dagegen wirken am besten Sitzbäder, wie oben beschrieben mit Tannolact. Länger als zehn Minuten sollten Sie allerdings nicht in der Wanne sitzen, denn dann erzielen Sie wieder den gegenteiligen Effekt. Fünf Zentimeter

*Habe ich einen Pilz, wenn meine Naht juckt?*

Wasserhöhe sind in diesem Fall übrigens ausreichend. Falls Sie in einer kleinen Wanne sitzen: Vorsicht vor Überschwemmungen!

2. Und wenn nach über einem Monat plötzlich ein
Faden aus der Scheide heraushängt, dann ist
das kein vergessener Tampon, sondern ein
Dammnahtfaden, der sich aus irgendwelchen
Gründen nicht aufgelöst hat. *Den Gang zum
Arzt können Sie sich sparen. Er wird nur tun,
was Sie auch selber können: die Schere nehmen
und den Faden abschneiden.*

## Hämorrhoiden

Glücklicherweise sind die Hämorrhoiden, die
durch die Schwangerschaft hervorgerufen werden, häufig nicht von Dauer.

*Was kann ich gegen
Hämorrhoiden tun?*

Das wirkungsvollste Mittel gegen Hämorrhoiden sind **Retterspitzumschläge** (Apotheke). Die
Lösung (diejenige für *äußerliche* Anwendung
kaufen) träufelt man auf ein weiches Tuch (z. B.
eine Mullwindel oder auch eine Slipeinlage) und
legt dieses Heilpäckchen direkt auf die Hämorrhoiden. Bitte nach jedem Toilettengang wechseln! Auch **Sitzbäder** mit «Tannolact» tun den
Geplagten gut. Eine sanfte **Salbe** gegen die Beschwerden ist «Hametum», die durch Hamamelis-
extrakt wirkt. Wenn alles nichts nützt, dann können Sie **Hämorrhoidalzäpfchen** versuchen, die am
wirkungsvollsten gegen Schmerzen sind.

## Die Symphyse

Katja Lenz traut sich kaum, der nachsorgenden
Hebamme zu erzählen, was sie plagt: «Im Krankenhaus haben Sie mich zum Hypochonder er-

klärt, aber ich habe die Schmerzen nun einmal!
Mir tut das gesamte Becken weh, ich kann mich
kaum bewegen!» Natürlich erfindet Katja Lenz
ihre Beschwerden nicht, die Diagnose ist nur etwas schwierig, weil viele Schwangere und junge
Mütter Schmerzen im Beckenbereich haben. In
manchen Fällen sind es Bänderschmerzen, in anderen ist es der belastete Rücken und etwas seltener die Symphyse, die die Schmerzen verursacht.
Um letztere soll es hier gehen.

**Die Symphyse ist der vordere Beckenring, der
ungefähr am oberen Rand der Schamhaare zu
tasten ist.** Die Knochen haben etwa die Form
einer Brille, und was Sie fühlen können, ist der
Bügel. Dieser besteht nicht aus fester Knochen-
masse, sondern aus biegsamen Knorpeln. Und
hier liegt die Ursache der Beschwerden. **Die
Knorpelmasse der Symphyse lockert sich im Laufe der Schwangerschaft, um den Beckenring für
die Geburt weiter zu machen. Dabei kann es passieren, daß sich die Knochen gegeneinander ver-
schieben, und das ist schmerzhaft.**

*Warum tut mein
Becken so weh?*

Die betroffenen Frauen merken die Fehlstellung der Symphyse insbesondere daran, daß die
Schmerzen bei ungleicher Belastung der Beine
auftreten, z. B. beim Herumdrehen im Bett, beim
Hoseanziehen im Stehen etc. Doch auch jetzt sind
die Schmerzen nicht genau lokalisierbar, weil sie
bis in den Beckenboden ausstrahlen können.

Die Beschwerden treten übrigens häufig schon
in den letzten Monaten der Schwangerschaft auf,
verstärken sich unmittelbar nach der Geburt und
verschwinden etwa sechs Wochen danach.

Eine Behandlung ist möglich, und zwar mit
einem Beckengürtel, entweder aus elastischem
Stoff oder aus Leder, den ein Frauenarzt ver-

schreiben kann – wenn er die richtige Diagnose stellt.

Sie können auch versuchen, die Beschwerden mit einem homöopathischen Mittel zu behandeln, und zwar mit Symphytum (C 6, dreimal täglich fünf Kügelchen oder Tropfen). Bei sehr starken Schmerzen hilft allerdings nur noch der Beckengürtel.

## Anämie

Der medizinische Fachausdruck wird häufig mit Blutarmut übersetzt, doch das ist nicht korrekt. Anämie bedeutet nicht, daß eine Frau zuwenig Blut, sondern daß sie zuwenig rote Blutkörperchen hat. Jede Mutter, die im Krankenhaus entbunden hat, wird automatisch auf ihren Hb-Wert (der Auskunft über die Anzahl der roten Blutkörperchen gibt) untersucht, bevor sie das Krankenhaus verläßt. Frauen, die ihr Kind in einer Praxis oder einem Geburtshaus bekommen, sollten (falls ihnen das dort nicht geraten wurde) ihren Frauenarzt bei der routinemäßigen Nachgeburtskontrolle (etwa sechs bis acht Wochen nach der Entbindung) um die Hb-Kontrolle bitten.

Warum ist diese Untersuchung notwendig? Spätestens, wenn Sie blaß, mit weißen Lippen und fix *Warum bin ich* und fertig sind, wissen Sie warum. **Dann leiden Sie** *völlig erschöpft?* **vermutlich unter Anämie, die durch Eisenmangel entsteht.** Vor allem stillende Mütter sind davon betroffen, da sie beim Stillen vermehrt Eisen abgeben. Der Arzt verschreibt in solch einem Fall Eisentabletten, die leider den Nachteil haben, daß manche Frauen sie nicht gut vertragen, denn sie können Übelkeit und Verstopfung verursachen. Eisen ist aber auch in einigen Nahrungsmitteln vermehrt enthalten, und manchen müden Müttern helfen sie: Vitamin-C-haltige Getränke, Sauerkraut- und Kräuterblutsaft (schmeckt nicht besonders gut), alle weiteren roten Säfte, rote Beete, Weizen und Hirse. Auch Vitamin-B-Haltiges wie Nüsse, Sahne, Butter und Bierhefe (bei Stillmüttern: alkoholfreies Bier) ist empfehlenswert.

## Kleidung

Verwundert reagieren viele Frauen, wenn sie schon unmittelbar nach der Geburt auf der Waage zwar fast wieder ihr Vor-Schwangerschafts-Gewicht haben, aber noch nicht in ihre alten Hosen und Röcke passen. Dafür gibt es zwei Gründe: Das Becken verändert sich durch die Schwangerschaft und die Geburt, da die Knochen weicher und die Knochenfugen beim Durchrutschen des Babys auseinandergedrückt werden. Das Becken wird somit ein wenig breiter und der Po ein wenig flacher. Dennoch: **Hauptgrund für die zu engen Hosen und Röcke sind die überdehnten Bauchmuskeln.**

*Warum passen mir meine Kleider nicht mehr?*

Die Methode unserer Großmütter, ein Korsett oder Miederhöschen, sollten Sie auf keinen Fall übernehmen. *Ein Korsett oder Miederhöschen verleitet die Bauchmuskeln (dasselbe gilt für die Brustmuskeln und den BH), nicht mehr zu arbeiten und schlaff zu werden, also genau das zu tun, was die Eingeschnürten vermeiden wollten.*

Also Finger weg von dem Schnürkram, davon werden Sie nicht mehr rank und schlank! Sobald Sie das Miederhöschen ausziehen, hängt der Bauch wie vorher runter. Da hilft nur Gymnastik und ein wenig Geduld mit den durch die Schwangerschaft strapazierten Bauchmuskeln.

Auf der sogenannten Klinikkoffer-Liste steht noch ein Utensil – und zwar gleich in mehrfacher Ausfertigung –, das an unsere Großmütter erinnert: das Nachthemd zum Knöpfen vorn. Doch nur wenige Frauen besitzen überhaupt noch Nachthemden, sie ziehen große T-Shirts oder Schlafanzüge (möglichst aus reiner Baumwolle) vor. Und genau damit sind sie auch am besten versorgt. Denn sie lassen sich leicht zum Stillen hochschieben, sind waschbar, müssen nicht unbedingt gebügelt werden und sind zudem preisgünstig. Wer sich dann noch Stücke mit großem Muster zulegt, der braucht sich nicht über jeden Milchfleck zu ärgern.

Für die kältere Jahreszeit empfehlen sich Strickjacken, die man über die T-Shirts und Pullover ziehen kann, allerdings möglichst nicht aus Synthetik, weil Mütter in den ersten sechs bis acht Wochen nach der Geburt, bedingt durch einen ebensolang andauernden Hormonabfall, sehr stark schwitzen.

Aus diesem Grund ist es insbesondere für stillende Mütter (die noch mehr schwitzen als Frauen, die die Flasche geben) ratsam, nachts ein sauberes T-Shirt, ein Schlafanzugoberteil oder ein Nachthemd neben das Bett zu legen. So läßt sich mancher Infekt vermeiden.

## Kapitel 10

# Die psychologische Seite einer Geburt

## Die schwierigen ersten Wochen

«Meine Freundinnen haben mir zwar erzählt, wie schwierig die erste Zeit sein würde, manche vorsichtig, manche direkter, aber so habe ich mir das nicht vorgestellt», berichtet eine frischgebackene Mutter ihrer Arbeitskollegin. Und genauso geht es fast allen Frauen, die ihr erstes Kind bekommen (beim zweiten wissen sie, was sie erwartet). **Niemand kann einem vorher klarmachen, was es heißt, nur noch in Stundenportionen zu schlafen, ständig abrufbereit zu sein und dann womöglich vor einem schreienden Baby zu stehen und nicht mehr ein und aus zu wissen.**

*Warum bin ich nicht richtig froh?*

Für die oben zitierte Mutter war vor allem eines schwierig: Ein anderer Mensch bestimmte auf einmal ihren Rhythmus (siehe auch Kap. 6, S. 139)! Ihr Mann und sie hatten vor der Geburt ihres Kindes in ihrer Freizeit viel unternommen. Und nun blieb ihr nichts anderes übrig, als sich den Bedürfnissen des Babys unterzuordnen. Als sie das einigermaßen akzeptierte (es dauerte ein halbes Jahr), konnte sie besser mit der neuen Situation umgehen.

Für die ersten Tage und Wochen heißt das: Wieviel Schlaf braucht das Baby? Wieviel Ruhe braucht es? Wieviel Unterhaltung braucht es? Wieviel Mama und wieviel Papa braucht es? Jedes Baby ist in diesen Punkten sehr verschieden. Und damit Vater, Mutter und Kind sich kennenlernen können, sind Ruhe und Ungestörtheit nötig. Hebammen raten ihren Müttern deshalb: *Stellt die Klingel und das Telefon ab! Und dosiert die Besuche!*

## Der Besuch

*Wieviel Besuch verträgt eine junge Familie?*

**Die meisten jungen Eltern stecken in einer Zwickmühle: Einerseits möchten sie ihr Kind aller Welt zeigen und davon erzählen, andererseits wollen sie nichts als ihre Ruhe. Das gilt besonders für die Mutter.**

Von den Großeltern wird viel Verständnis erwartet

Wenn eine Frau *in der Klinik* entbindet, dann fällt es ihr ganz besonders schwer, Besuch abzuwehren. Während der offiziellen Besuchszeiten meinen alle nah und weit entfernten Bekannten

und Verwandten, einen Freibrief für die Besichti-
gung des neuen Menschleins und der Mutter zu
besitzen. Daß das den Besuchten keineswegs guttut, das bedenken die gutmeinenden Gäste nicht.
Eine genervte Mutter erinnerte sich in dieser
Situation an eine Hotelübernachtung, bei der sie
das Türschild «Bitte nicht stören!» vorfand. Sie
schrieb sich ebenfalls ein solches Schild mit der
Aufschrift *«Bitte nicht stören! Stillzeit!»,* versah es
mit einem Loch in der Mitte und hängte es von
außen an die Zimmertür. So konnte sie die Besucher (mit Ausnahme des Vaters!) zwar nicht gänzlich verscheuchen, aber sie lugten immerhin sehr
vorsichtig durch die Tür, sahen die Mutter beim
Stillen und verschwanden, um dann eventuell
nach einer halben Stunde wiederzukommen.

Nach einer *ambulanten Entbindung* und auch
wenn die Mutter nach einer Klinikgeburt endlich
*zu Hause* ist, gilt dasselbe: Die jungen Eltern wollen oft – insbesondere, wenn sie das erste Kind bekommen haben – wochenlang niemanden sehen.
Denn Besuch bedeutet in diesem Fall Streß. *Die
sinnvollste Lösung für die ersten Wochen zu Hau-*
*se ist, nur Verwandte und Freunde einzuladen, die
keine allzu große Belastung sind.* Lassen Sie also
vertraute Personen kommen, die wissen, daß sie
ihre Verpflegung selber mitbringen und ihre Tel-
ler und Tassen selber spülen müssen. Eine Ausnahme gibt es hierbei: die Großeltern. Denn die
sind meist sehr stolz auf ihre Enkel, und kaum ein
Elternpaar wird Oma und Opa diese Freude vorenthalten wollen, gleichgültig wie gut sich die Erwachsenen verstehen. Welche Erfahrungen man
dabei machen kann, schildert Stefanie Hein: Ihre
Schwiegermutter rief drei Tage nach der Geburt
an, weil sie kommen wollte: «Aber du brauchst

keinen Kuchen zu backen!» Schon hier kochte die junge Mutter innerlich: Sie lag im Kindbett, denn sie hatte eine Hausgeburt hinter sich! Die Schwiegereltern brachten also ihren Kuchen mit – und Stefanie Hein kochte Kaffee und wusch das Geschirr ab. Beim zweiten Kind passierte ihr das nicht mehr, jetzt hatte sie das Selbstbewußtsein zu sagen, daß sie im Bett liegen bleiben und sich in keiner Weise um die Verpflegung der Gäste kümmern würde.

## Wieviel Ruhe braucht die Mutter?

Wer ambulant oder zu Hause entbindet, der sollte in der ersten Woche möglichst keinen Besuch empfangen, denn in diesen Tagen gehört eine junge Mutter vor allem ins Bett. Sie soll zwar aufstehen und vielleicht auch einmal eine halbe Stunde spazierengehen, damit ihr Kreislauf nicht vollständig absackt, aber Besuch bedeutet in diesen Tagen eine große Anstrengung.

Auch die normale Hausarbeit belastet eine Frau mehr, als sie denkt. Eine Stunde Bügeln nach einer Entbindung entspricht eben nicht einer Stunde vor einer Entbindung, sondern vielleicht fünf oder sechs. Eine solche Anstrengung sollte sich eine Frischentbundene nicht zumuten.

«Was ist zuviel?» fragen viele Frauen, die (von Anfang an oder nach einer Woche Klinikaufenthalt zu Hause) ihren Partner den ganzen Tag zwischen Baby, Mutter, Waschmaschine, Herd und Lebensmittelladen hin- und herflitzen sehen (wenn sie Glück haben ...). Sie möchten ja helfen. Ina Roth gehörte auch zu den Frauen, die nicht immer nur zuschauen konnten. Sie packte nach einer Woche ihren Einkaufskorb und zog los – um nach einer Stunde vollständig entkräftet zurückzukommen, sofort in das von ihrer Mutter geschenkte weiche Nachthemd zu schlüpfen und zu sagen: «Da gehöre ich doch noch eher hinein als in ein Kaufhaus!»

Was zuviel ist, hängt letztendlich von der Konstitution der Frau ab, aber wie schon einmal gesagt: **In der ersten Woche ist alles, was über die normale Körperpflege, die Rückbildungsgymnastik und das Füttern und Wickeln des Babys hinausgeht, zuviel.** Vielleicht waren unsere Großmütter und Mütter, die oft ihre Kinder noch zu Hause bekamen, gar nicht so schlecht beraten, wenn sie den Weisungen ihrer Hebamme folgten und acht bis zehn Tage strenge Bettruhe hielten – was damals, wo vor allem der Mann auf die Arbeitskraft der Frau so sehr angewiesen war, viel Mithilfe von allen möglichen Verwandten erforderte. Leider hörte die Schonzeit unserer Vorfahrinnen nach diesen Tagen vollständig auf. Heute sollten sich junge Mütter wenn irgend möglich **noch einmal zwei bis drei Wochen schonen.** Was sie sich danach zumuten, hängt von ihrem Willen, ihrem Gesundheitszustand und ihrer Situation ab; Alleinerziehende oder Mütter mehrerer Kinder haben in der Regel keine Wahl.

*Muß sich eine Frischentbundene dauernd schonen?*

## Der Haushalt

Auch wenn die Wohnung chaotisch aussieht, keine gebügelte Bluse mehr im Schrank hängt und der Ehemann stöhnt! Für die ersten Wochen gilt: **Liegenlassen, was geht! Und delegieren!** Falls also irgendein netter Mensch seine Mithilfe anbietet, sei es beim Einkaufen, Bügeln, Putzen oder Kochen: «Hier!» schreien und nicht bescheiden «Ich

*Wie kann ich den Haushalt schaffen?*

brauche niemanden!» sagen. Denn spätestens nach drei oder vier Wochen fragt keiner mehr, dann denken alle sowieso, daß die junge Familie alles im Griff hat. Was glücklicherweise meistens auch stimmt.

## Die Geschwister

Stellen Sie sich vor, Ihr Partner würde heute abend eine andere Frau bzw. einen anderen Mann mit nach Hause bringen und Ihnen erklären, daß er zukünftig mit Ihnen und der oder dem zweiten leben wolle und beide gleich lieb habe. Wie würden Sie reagieren? Toben? Heulen? Depressivwerden? Genauso geht es Ihrem erstgeborenen Kind, wenn Sie ihm das Geschwisterchen präsentieren. Nur daß es sich weniger gut wehren kann als ein Erwachsener.

Kinder reagieren vor allem mit *Aggressivität* oder mit extremer *Anhänglichkeit.* Die Aggressivität kann sich gegen Mutter und Baby richten

Auch das Geschwisterchen braucht Aufmerksamkeit

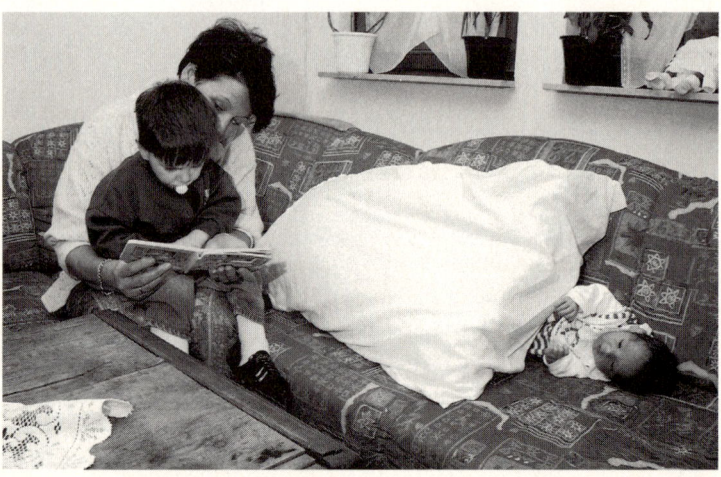

und sich in Treten, Schlagen, Brüllen, Flüchen wie «Bring das Baby zurück, wo es hergekommen ist!» und Überaktivität äußern. Manchmal werden die großen Geschwister auch «*autoaggressiv*», z. B. indem sie sich die Haare abschneiden. Die ebensohäufig auftretende Anhänglichkeit macht aus sonst sehr selbständigen Kindern wahre Kletten, die die Mutter keine Sekunde mehr aus den Augen lassen. Manche Kinder sind auch einfach traurig und verziehen sich in ihr Zimmer. Damit wollen sie vor allem der Mutter zeigen, daß sie die vermeintliche Mißachtung nicht verstehen.

Eine – leider seltene – Reaktionsart erhoffen sich die meisten Eltern: daß das große Kind das kleine liebt, und zwar von Anfang an. Denn spannend ist so ein «Wurm» ja auch schon für ein Kind.

*Abwehr- und Wutreaktionen sind normal, jedes Kind empfindet Eifersucht, wenn auf einmal ein neues Familienmitglied da ist.* In welcher Form die Großen ihren Unmut (und selten ihre Freude) zeigen und wie lange das dauert, hängt allerdings stark vom Alter, vom Temperament – und auch von Ihnen ab. Sie als Eltern können da nämlich ein bißchen vorbeugen – am besten schon vor der Geburt, indem Sie die Vorbereitungen für das Neugeborene nicht verheimlichen bzw. die Geschwister daran beteiligen und vom Baby erzählen (je nach Alter der Großen).

**Nach der Entbindung ist vor allem das erste Zusammentreffen ein entscheidendes Erlebnis.** Gestalten Sie es deshalb für die großen Kinder so angenehm wie möglich. Die Mutter sollte möglichst nicht stillend oder mit dem Baby im Arm auf die Besucher warten, sondern zusammen mit den Geschwistern zu Babys Bett gehen und hineinschau-

*Was kann ich gegen die Eifersucht der Geschwister tun?*

en. Insbesondere kleinere Kinder freuen sich sehr, wenn das Neugeborene ein Geschenk für sie bei sich liegen hat. Sie werden das neue Menschlein immer damit in Verbindung bringen.

**Zu Hause gibt es vor allem eine Regel für das «neue Leben»: Für das/die Große(n) sollte sich sowenig wie möglich ändern.** Das ist leichter gesagt als getan. Denn ein Neugeborenes beansprucht seine Mutter stark. Sie können aber versuchen, Ihren Großen zu zeigen, daß Sie sie noch genauso liebhaben wie vorher, indem Sie sich Zeit für sie allein nehmen. So gibt sich manches Neugeborene durchaus ein oder zwei Stunden mit seinem Vater zufrieden, während die Mutter mit den Geschwistern spazierengeht oder spielt. Und bei der Babypflege helfen größere Kinder ausgesprochen gern mit.

Probleme ergeben sich besonders oft beim Stillen. Zum einen sollten Sie versuchen, Störaktionen der Älteren zu übersehen. Geschwister müssen mit Sicherheit dann, wenn das Neugeborene Hunger hat, aufs Klo, den Schrank ausräumen, ein Bild malen etc. Statt zu schimpfen, empfiehlt es sich, die Großen zu integrieren, d. h., ihnen ein Milchfläschchen zu geben oder ihnen vorzulesen.

Denken Sie vor allem an eines: **Besucher müssen,** *bevor* **sie kommen, vorbereitet werden.** Sie dürfen sich erst dann dem Winzling zuwenden, wenn sie sich mit dem oder den Großen beschäftigt haben. Noch besser ist es, wenn die Gäste fragen: «Darf ich mal das Baby sehen? Zeigst Du es mir?» Und kleine Geschenke sollten nicht nur für das Kleine, sondern auch für die großen Geschwister mitgebracht werden.

*Wie lange hält die Eifersucht an?*     Eltern können übrigens beruhigt sein: **Die heftigen Eifersuchtsäußerungen halten sich meist nur**

**einige Wochen, danach ist das Baby ein Stück Normalität geworden.** Eine schwächere Form der Eifersucht kann allerdings jahrelang bestehen bleiben, darauf müssen Sie vorbereitet sein. Das gilt insbesondere für Kinder, deren Geschwister geboren werden, wenn sie zwei bis vier Jahre alt sind. Ist das Neugeborene ein drittes oder viertes Kind, bestehen wieder bessere Chancen für ein eifersuchtsfreies Miteinander. Denn dann ist das erste schon entthront worden, und die anderen kennen es ja gar nicht, allein zu sein.

## Ratschläge

Beim Thema Ratschläge runzeln die meisten Hebammen die Stirn. Vor allem Mütter von ersten Kindern leiden mehr darunter, als daß ihnen damit geholfen ist. Jede Oma, jede Nachbarin, jede andere Mutter weiß es besser als die Betroffene selber, gleichgültig ob es um das Stillen, das Füttern mit der Flasche, den Nachtschlaf, das Wickeln oder um etwas anderes geht. Wer fünf Leute über eines der angesprochenen Themen befragt, wird fünf Antworten erhalten.

Da ja schon sehr viele Mitmenschen Kinder großgezogen haben (wie auch immer…), werden die unerfahrenen Mütter allseits gut beraten. Und sobald die selbsternannten Berater merken, daß sie eine unsichere Person vor sich haben, werden sie immer selbstsicherer: «Nur so geht es, meine Liebe! Schau doch, was aus meinen Kindern geworden ist! Schon Generationen haben es so gemacht!» Und so weiter. Und so fort.

Eine Hebamme meinte einmal zu einer heulenden jungen Mama am Telefon: «Ratschläge sind auch Schläge!» Von da an hörte die Mutter auf

niemanden mehr, sondern ignorierte alle Besser-
wisserei rund um sie herum. Und gab ihr doch jemand einen Ratschlag, sagte sie wenig, überlegte,
ob etwas dran sei, und befolgte ihn oder auch
nicht.

Auch wenn wir selbst Ihnen mit diesem Buch
guten Rat geben wollen, müssen wir dabei einkalkulieren, daß manche junge Mütter durch Ratschläge noch mehr verunsichert werden, als sie es

*Helfen die vielen* ohnehin schon sind. Deshalb: **Überlegen Sie für**
*Ratschläge?* **sich genau, was Ihnen guttut!**

## Der Heultag

*Warum haben fast* Fast alle Frauen haben ihren Heultag. **Er läßt sich**
*alle Frauen* **leider kaum vermeiden, denn er hat hormonelle**
*ihren «Heultag»?* **Ursachen, die eine Frau nicht steuern kann.**

Was passiert im Körper der Mutter? Der Hor-
monüberschuß (von Endorphinen und Östroge-
nen), der noch von der Zeit der Schwangerschaft
und der Geburt besteht und der den Frauen in den
ersten Tagen eine erstaunliche Kraft verliehen
hat, wird abgebaut. Der Prozeß ist vergleichbar
mit der Periode. In diesen Tagen sind Frauen labi-
ler und empfänglicher für alle negativen Einflüs-
se. Genauso fühlen sich junge Mütter, nur daß der
Hormonabbau stärker und die Empfindsamkeit
dementsprechend ausgeprägter ist.

Frauen beschreiben ihren Zustand häufig so:
«Ich habe das Gefühl, ich schaffe das alles nicht.
Mir ist das zuviel mit dem Kind. Ich kann nicht
mehr.» Und Frauen, die ambulant entbinden, um
gleich nach der Geburt wieder bei ihrem ersten
Kind sein zu können, haben an diesem Tag nicht
selten ein sehr schlechtes Gewissen diesem ersten
gegenüber. Sie glauben, es zu vernachlässigen.

Solche Gefühle haben Mütter doch oft, ließe sich vorsichtig einwenden. Doch die Frauen denken in diesem Moment, der Zustand würde anhalten, sie würden sich die ganzen nächsten Jahre überfordert und von einem schlechten Gewissen geplagt fühlen. Daß sie dann weinen, erscheint nur allzu verständlich. Viele tröstet es zwar, wenn ihnen eine Schwester, eine Hebamme oder ihr Partner gut zureden, aber sie weinen dennoch weiter. Hormone lassen sich eben nicht durch Worte beruhigen.

*Für viele Frauen ist es heilsam zu wissen, daß das Ganze meist genau vierundzwanzig Stunden anhält. Diesen Tag sollten Sie so schön gestalten, wie es Ihnen möglich ist.* Machen Sie einen Spaziergang, hören Sie Musik, lesen Sie ein Buch. Das kann Ihnen ein wenig helfen.

Der Heultag darf nicht mit einer Wochenbettdepression (siehe unten, S. 212 f.) verwechselt werden. Letztere ist eine rein psychische Sache, vollständig unabhängig von Hormonen, und kann oft wochen- und monatelang anhalten. Die Wochenbettdepression ist unbedingt behandlungsbedürftig.

# «Neufindung» – das Leben mit dem Kind

Das neue Leben mit dem Kind ist für viele Frauen eine schwierige Zeit, insbesondere wenn sie das erste Baby bekommen haben. Aus diesem Grund bietet inzwischen eine ganze Reihe von Institutionen Kurse für junge Mütter an. Dazu gehört auch das Frauengesundheitszentrum in Frankfurt, in dem Frauen von der Schwangerschaft über die Entbindung (in einem Geburtshaus) bis zur Zeit, wenn die Kinder in den Kindergarten kommen, betreut werden – mit oder ohne Partner, mit oder ohne Kind. Gleichzeitig gibt es hier die Möglichkeit einer psychologischen Beratung für Frauen, bei der häufig auch Probleme der ersten Wochen mit dem Baby besprochen werden.

Die dort beratende Diplompsychologin Marion Jaedtka-Keller erklärt im folgenden Gespräch, was der Unterschied zwischen einer Wochenbettdepression und einem Heultag ist, wann Frauen sich an sie wenden sollten und welche Themen u. a. in dem «Rückbildungs- und Neufindungskurs» besprochen werden.

## Die Wochenbettdepression

*Worin unterscheidet sich eine Wochenbettdepression von dem sogenannten Heultag?*
Der Unterschied ist die Intensität. Beim Heultag erlebt eine Frau ein paar Tage nach der Geburt ein Stimmungstief, sie ist empfindsamer und weint über Kleinigkeiten; das verschwindet aber mit der Zeit wieder. **Bei der Wochenbettdepression bleibt das Stimmungstief länger, es zeigt sich in Niedergedrücktheit, Initiativlosigkeit, körperlicher Schwäche und Erschöpfung. Die Frauen haben große Schwierigkeiten, ihr Baby überhaupt zu versorgen, das Leben erscheint ihnen sinnlos, sie haben Angst, zu versagen und sich oder dem Baby etwas anzutun.**

*Was ist eine «Wochenbett- depression»?*

*Wie lange dauert eine Wochenbettdepression?*
Manche Frauen haben eine verschleppte, die sich über einen längeren Zeitraum hinziehen kann. Es gibt viele Frauen, die monatelang das Gefühl

haben, es stimmt irgend etwas nicht, es ist nichts mehr wie vorher. Das kann eine kurze, manchmal sehr schwere Episode sein, aber sie kann auch mehrere Monate, ja sogar ein, zwei Jahre anhalten. Meist gehen die Frauen irgendwann zu einer Behandlung, und zwar dann, wenn sie merken, daß es nicht nur etwas mit dem Kind zu tun hat, daß die erste Zeit einfach anstrengend ist.

Wir haben in Abständen auch eine Gruppe für Frauen mit Wochenbettdepression. Und es hat sich gezeigt, daß dorthin die Frauen mit einer schweren Depression gekommen sind. Es kamen nicht die Frauen, die einen Heultag, eine Verstimmung hatten. Es kamen Frauen, die sehr gelitten hatten, mit Selbstmordgedanken, mit Ängsten, ihrem Baby etwas anzutun. Manche hatten Klinikaufenthalte hinter sich, weil sie das Kind und sich nicht mehr versorgen konnten.

*Mit welchen Problemen der ersten Wochen wenden sich Frauen noch an Sie?*

**Das größte Problem ist immer: Es ist nichts mehr wie vorher, alles ist anders.** Das beginnt bei ganz vielen praktischen Dingen, weil viele Frauen sich doch vorher nicht vorstellen können, was es eigentlich heißt, ein Neugeborenes zu versorgen. Also daß ein Neugeborenes rund um die Uhr gehalten, getragen, gefüttert werden möchte.

*Warum fällt mir das Leben mit dem Kind so schwer?*

Da kommen Fragen wie: «Was hat das Baby, wenn es weint? Ist es etwas Schlimmes oder nicht? Hat es Hunger? Was braucht es? Wie lang muß ein Kind schlafen?» Viele Mütter fühlen sich unter Druck, daß ihr Kind gleich durchschlafen muß. Sie sind am Anfang einfach in vielem sehr unsicher und haben Angst, als Mutter zu versagen – was gerade beim ersten Kind eigentlich ganz normal ist.

*Was spielt sich in der Psyche der Frau ab?*
Durch das Leben mit dem Neugeborenen kommt
die eigene Kindheit ganz nahe, und damit die Beziehung zur eigenen Mutter, also wie man selbst
als Baby behandelt worden ist. Das ist oft leidvoll,
weil auch die erlebten Entbehrungen spürbar werden. Die Frauen merken, wenn auch oft unbe-
wußt: Das und das und das hatte ich nicht, das
habe ich erlebt, entbehrt. Und gegen die damit
verbundene Trauer, Ohnmacht, Hilflosigkeit und
Angst wollen sie sich schützen – je traumatischer
die Kindheit war, desto stärker ist diese Abwehr
übrigens. Dazu vergegenwärtigen sich Eltern
selbsterlebte Beziehungsmuster und leben sie mit
ihrem Baby noch einmal. Oder sie meinen, Eigen-
schaften und Verhaltensweisen von Familienan-
gehörigen an ihrem Kind zu erkennen. Das passiert bei allen Eltern. Aber manchmal bestimmt es
die Gegenwart, und dann wird das Baby nicht
mehr als Baby mit *seinen* Bedürfnissen und Möglichkeiten gesehen, sondern als ein Erwachsener.
In Kurzfassung heißt das: Die Eltern gehen genauso mit dem Kind um wie ihre Eltern mit ihnen.
Mütter erzählen dann: «Das Kind ist gierig! Es
saugt mich aus! Es will mich ärgern! Es quält
mich!» Wenn ich manchmal die Mütter reden
höre, denke ich, sie haben nur kleine Monster.
Das ist das, was sie mit ihren Müttern erlebt haben, was ihnen vermittelt wurde: «Du bist gierig,
du läßt mich nicht schlafen, du quälst mich nur, du
schreist nur.» Kämpfe und Konflikte ums Stillen,
Essen, Schlafen, Weinen sind dann Wiederholun-
gen von dem, was sie selbst erlebt haben – nur mit
vertauschten Rollen.

Da die Mütter heute ja sehr reflektiert sind, ist
es für ihr bewußtes Ich erschreckend, daß sie sol-

che Gedanken haben. Sie bekommen dann häufig Schuldgefühle, was wiederum eine große Verunsicherung auslöst.

*Wann kommen die Frauen?*

Zu den Rückbildungs-/Neufindungskursen meistens, wenn sie nach der Geburt wieder mobil sind. Zu einer Therapie melden sie sich eher später an, wenn die Babys schon fast ein Jahr alt sind, d. h., wenn sie merken, daß ihre Depression doch nicht am Kind liegt. Denn die meisten Frauen suchen die Erklärung für ihre Niedergedrücktheit natürlich erst einmal in der aktuellen Realität, also z. B. beim Nichtdurchschlafen. Und wenn die Babys dann durchschlafen, denken sie, es liegt daran, daß sie das Kind so viel rumtragen. Sie meinen, wenn es erst einmal krabbelt, wird es leichter – doch dann sind sie immer noch erschöpft. Oder sie denken, es liegt am Stillen. Und wenn das Baby dann abgestillt ist, hat sich die Situation immer noch nicht geändert.

*Erschöpfung ist demnach das Symptom, dessentwegen sich die Frauen an Sie wenden?*

Ja, aber auch wenn das Baby Symptome zeigt, die mit der Depression der Mutter zu tun haben. In der Regel gehen die Frauen dann erst zum Kinderarzt, und der wiederum verweist sie an uns.

*Aber körperlich erholen sich die Frauen doch nach einer gewissen Zeit…*

Ich denke, daß man das nicht trennen kann. Wenn man psychisch erschöpft ist, ist man auch körperlich erschöpft. Und das gilt meistens auch andersherum. Wir können uns nicht so aufteilen.

*Inwieweit betrifft das alle Frauen?*

In einer leichten Form am Anfang alle, also daß Frauen mehr Ruhe brauchen, das ist normal.

## Aggressionen

*Tauchen die ganzen aktuellen Probleme, die in einer Therapie angesprochen werden, in sanfterer Variante auch in den Rückbildungskursen auf?*
Ja, das kann man wirklich so sagen, insbesondere das Thema Erschöpfung und das Thema Aggressionen. Daß die Frauen sagen: «Am liebsten würde ich das Baby wieder im Krankenhaus abgeben!» Oder: «Manchmal könnte ich es an die Wand klatschen!» Das Thema Aggression steht oft sehr früh an.
*Was sagen Sie dazu?*
In den Gruppen ermutigen wir die Frauen zuerst einmal dazu, über ihre Gefühle und Aggressionen zu sprechen. Denn das kennt man ja vom normalen Alltag, daß sich die Ängste, Ärger und Aggressionen reduzieren, sobald man darüber redet.

*Wieso bin ich manchmal richtig aggressiv gegen das Baby?* **Vor allem sollen die Frauen erkennen, daß die Aggressionen und auch die Angst, die Beherrschung dem Baby gegenüber zu verlieren, normal sind.** Und erst dann sprechen wir darüber, warum ein Baby unruhig sein und viel weinen kann und in welchen Situationen die Aggression auftritt – das ist übrigens in der Therapie auch nicht anders. Dann stellt sich oft heraus, daß das Gefühl davor meistens Hilflosigkeit und Ohnmacht ist. Wenn also das Baby weint, und die Mutter versucht erfolglos alles mögliche, dann löst das Hilflosigkeit aus. Und wenn die nicht mehr aushaltbar ist, wird die Mutter wütend.

In den Gruppen und manchmal auch in der Therapie reden wir dann darüber, was man in solchen Situationen machen kann. Und wir zeigen, wie die Mütter ihrem Baby helfen können, sich selber zu beruhigen, d.h., daß sie den Rahmen dafür schaffen. Wir sprechen natürlich auch darüber, daß es nicht sinnvoll ist, das Baby anzubrüllen.

Manchmal hilft es schon, das Baby einen Moment lang fester zu halten, aber sonst eher zu schauen, was hilft, um die eigene Spannung loszuwerden, also beispielsweise das Zimmer zu verlassen und zu brüllen und erst dann wieder das Baby zu nehmen. Oder das Baby mal abzugeben. Oder den Ort zu wechseln, vielleicht rauszugehen. Oder wenn es ganz schlimm ist, etwas zu zerschlagen. – Und erst dann das Baby wieder auf den Arm zu nehmen. Denn dann herrscht wieder eine entspanntere Situation. Meistens sind die Babys dann auch ruhig, denn das ist ja auch eine Spirale: Das Baby weint, die Mütter sind unsicher, oft aus Unwissenheit. Die Mütter wollen ja meistens, weil es an eigene Entbehrungen anrührt, daß das Baby sofort aufhört. Aber das Baby braucht manchmal etwas Zeit, bis es auch seine eigene Spannung loswird. Wenn man ein Baby auf den Arm nimmt, dann dauert es einen Moment, bis es merkt: Alles ist in Ordnung, die Mutter ist da, ich werde getragen. Viele Mütter werden dann gleich nervös, also erst einmal unsicher und hilflos, und versuchen dies und jenes. Und diese Unruhe der Mutter und auch alles, was sie unternimmt, um das Kind zu beruhigen, stellt besonders für empfindsame Babys eine neue Reizüberflutung dar, so daß sie eventuell noch mehr weinen als vorher.

Die Babys spüren das – das zeigen auch neuere Forschungen –, sie spüren, wenn etwas stimmig und wenn etwas nicht stimmig ist. Die Mütter erzählen oft: Ich war ganz ruhig. Doch wenn man dann genau nachfragt, kommt heraus, daß sie versucht haben, ruhig zu sein, aber innerlich waren sie ganz durcheinander und wütend. *Babys mer-*

*ken das, sie spüren das Innere der Mutter, sie nehmen nicht nur wahr, was die Mütter machen, sondern auch, wie sie es machen.* Und deshalb ist es sinnvoll, erst einmal die Spannungen loszuwerden und erst dann wieder das Baby zu nehmen. Wir reden also darüber, daß es eher hilfreich ist herauszufinden, wie sich die Frauen selber beruhigen und wie sie sich selber Gutes tun können. Dann wird das Baby auch ruhig.

## Probleme mit dem Partner

*Jedem Paar, das ein Kind bekommt, wird eine Krise prognostiziert. Tauchen Konflikte mit dem Partner schon in den ersten Wochen auf?*

*Warum streite ich mich so oft mit meinem Partner?*

**Jedes Paar hat sich in der Zeit ohne Kind in irgendeiner Form arrangiert. Auf einmal kommt ein Dritter dazu, so daß die ganze Beziehung durcheinandergewirbelt wird.** Das führt zu unterschiedlichen Konflikten, z.B. daß der Partner eifersüchtig auf die enge Beziehung zwischen Mutter und Kind wird. Das äußert sich dann so, daß die Väter dazwischengehen und sagen: «Was, schon wieder stillen?» Oder: «Still doch ab!» Oder: «Nicht so oft!»

Bei den Frauen werden eigene Bedürfnisse nach Gehalten-, Getragenwerden mobilisiert. Denn sie füttern und pflegen und halten das Kind den ganzen Tag, und das muß auch irgendwo «reinkommen». Wenn der Partner das nicht erfüllen kann, weil er selber große Defizite hat, sich eher zurückzieht, dann werden die Frauen unzufrieden, fordern vom Partner mehr. Oft ziehen sich die Partner dann noch mehr zurück, und schon ist der Krach da.

Ich denke, es geht in den ersten Wochen immer

um ganz elementare emotionale Versorgungs-
wünsche, und zwar bei allen Beteiligten. Und
wenn dann bei beiden Partnern große Versor-
gungsdefizite da sind, dann kann es ein Chaos geben. Oder wenn die Frau sich vorher mehr um das
Emotionale in der Beziehung gekümmert hat und
sich jetzt mehr zurückzieht und dem Kind widmet,
kommt es zu Konflikten. Oder wenn der Partner
mehr dafür zuständig war, sich jetzt vielleicht
mehr auf den Beruf konzentriert und denkt: «Ich
bin Vater geworden, ich muß jetzt eine Familie
ernähren.» Und die Frau umsorgt den ganzen Tag
das Baby, bräuchte aber selbst sehr viel…
*Was raten Sie Frauen bei Partnerschaftsproble-*
*men?*
Dazu muß ich sagen, daß unser Ziel immer war,
daß auch die Männer nach der Geburt zu den
Neufindungsgruppen mitkommen. Aber die
Gruppen mit Männern sind nicht zustande gekommen.

Wir wollen Anregungen geben, daß sie darüber
sprechen, was sie sich vom Partner wünschen,
auch anregen, daß sie sich Zeit für solche Gespräche nehmen, daß auch der Partner sagt, was er
sich wünscht. Und dann müssen beide schauen:
Was kann der Partner erfüllen, und was kann er
nicht erfüllen? Von was muß ich mich auch vielleicht verabschieden?

Wir geben auch Anregungen, wie man mit Konflikten umgeht. Da ist zum Beispiel der Haushalt
ein Thema, denn Paare können sich daran zerflei-
schen. Wir regen an, sich eine unbelastete Zeit zu
nehmen und dann darüber zu reden: Was stört
dich? Was stört mich? Was mache ich gerne? Was
machst du gerne? Was macht niemand gerne? Wie
organisieren wir das?

In der Gruppe ist es oft schon hilfreich zu hören, wie das die anderen machen.

*Taucht das Thema Sexualität auf?*

Das kommt meist etwas später. Zur Neugeborenenzeit zählen wir die ersten drei Monate. Danach machen die Babys einen Entwicklungsschritt, gehen mehr nach draußen, haben mehr bewußte Wachphasen, in denen sie gucken und schauen, in denen das Lächeln kommt und sie ganz bewußt Blickkontakt suchen. Das ist für viele Mütter ein einschneidender Punkt, wenn sie merken, daß sie wieder ein bißchen mehr Zeit haben. Und da taucht das Thema Sexualität dann auf. Oft kommt

*Warum habe ich keine Lust mehr?*

es aber von den Männern. **Die Väter beschweren sich oder wollen gerne mit ihrer Partnerin schlafen, aber die Frauen fühlen sich überfordert oder haben keine Lust, oder das Baby schreit.** Und es ist ja auch schwierig, eine Nähe herzustellen und den Dritten auszuschließen. Da werden ganz viele ödipale Ängste angesprochen: «Dürfen wir zwei ganz eng zusammensein, und das Baby ist allein im Kinderzimmer? Dürfen wir als Mutter und Vater zusammen schlafen?»

## Mutter, Partnerin und Berufstätige

*Die geänderte Rolle als Frau, als Mutter, als Partnerin, als ehemalige Berufstätige, beschäftigt das die Frauen schon in den ersten Wochen?*

Zu Beginn nicht so häufig, da die meisten Mütter ja erst einmal ihren Mutterschutz und ihren Erziehungsurlaub nehmen. Aber die Angst, in die Hausfrauenrolle gedrängt zu werden, die besteht schon, was dann zu vielen Konflikten mit dem Partner führen kann.

*Hätten Männer andere Probleme in derselben*

*Rolle? Oder anders gesagt: Welchen Einfluß hat die frauenspezifische Erziehung auf die genannten Schwierigkeiten?*

**Das größte Problem in dieser Beziehung für Frau-en ist: Es gibt heute keine Vorbilder für sie.** Wo-bei ein wichtiger Punkt ist, Berufstätigkeit und Familie in Einklang zu bringen. Vor allem dafür gibt es keine guten Vorbilder, an denen sich Frauen orientieren können. Ein weiteres Problem ist, daß den Frauen so viel Schuld gegeben wird. Natürlich haben Frauen Verantwortung für das, was sie mit ihren Kindern machen. Aber es ist eben immer noch nicht so, daß die Väter sich in dem Maße be-teiligen, wie es wünschenswert wäre. Aufgrund der Berufsaufteilung ist es für die Väter schwierig, sich viel mit dem Kind zu beschäftigen.

*Wie soll ich das nur alles schaffen: Beruf, Familie und Partnerschaft?*

Das Eltern-Sein ist aber auch für die Frauen nicht einfach, weil im Berufsleben ganz andere Fähigkeiten verlangt werden – das gilt natürlich auch für die Männer – als diejenigen, die notwen-dig sind, mit einem Kind umzugehen. Und die meisten haben bis kurz vor der Geburt gearbeitet. Auch dafür gibt es keine Vorbilder.

Außerdem wird den Müttern oft zuviel an Ver-antwortung zugeschoben in bezug auf das, was aus den Kindern werden soll. Andererseits gibt es aber dafür keine öffentliche Bestätigung oder An-erkennung, es gibt sie nicht. Und wenn die Frauen sie sich nicht selber geben können – oder der Part-ner –, dann wird es ganz schwierig. **Notwendig ist, daß sich die Frauen untereinander stützen.** Es gibt dafür inzwischen eine Mutter-Kind-Öffentlichkeit in den Parks und Cafés. Aber es gibt keine öffent-liche Anerkennung.

# Empfehlenswerte Bücher

Die ersten Monate gehen schnell herum. Das Kind wird größer, entdeckt seine Umwelt, will beschäftigt werden, lernt krabbeln und mit dem Löffel essen. Die Eltern gewöhnen sich an das Mutter- und Vater-Sein, manche schneller, manche langsamer.

Die Fragen, die jetzt auftauchen, sind andere als kurz nach der Geburt des Kindes. Zu vielen finden sich Antworten in Büchern. Wir haben zu den wichtigsten Themen empfehlenswerte Bücher aufgeführt.

## Spiel und Beschäftigung

Marianne Austermann/Gesa Wohlleben: Zehn kleine Krabbelfinger. Spiel und Spaß mit unseren Kleinsten. München 1989

Gela Brüggebors: Körperspiele für die Seele. 312mal Bewegung, Entspannung, Energie, Anregungen zur Psychomotorik. Reinbek 1989 (rororo Nr. 8526)

Irene Dalichow: Sanfte Massagen für Babys, Kinder und Eltern. Reinbek 1989 (rororo Nr. 8597)

Anna Dieckmann/Willi Gohl/Tomi Ungerer: Das große Liederbuch. München 1975

Janosch: Das große Buch der Kinderreime. München 1984

Karin Mönkemeyer: Babyspiele, Kinderspiele. 333 Ideen und Anregungen. München 1994

Karin Mönkemeyer: Schon Babys schwimmen mit Vergnügen. Wasserspaß mit Kindern bis sechs. Reinbek 1988 (rororo Nr. 8473)

Cornelia Nitsch: Das Tröstebuch. Geschichten, Verse, Spiele: Die besten Heilmittel gegen Kummer. Reinbek 1995 (rororo Nr. 9902)

Liesel Polinski: Spiel und Bewegung mit Babys. Das Prager-Eltern-Kind-Programm. Reinbek 1993 (rororo Nr. 9379)

Raimund Pousset: Fingerspiele und andere Kinkerlitzchen. Spiel-Lust mit Kindern. Reinbek 1983 (rororo Nr. 7774). Kassette: text-o-phon Verlag, Luxemburgstr. 9, 65185 Wiesbaden.

Jürgen Schöntges/Rotraut Susanne Berner: Freche Lieder, liebe Lieder. München 1986

Elfi Schuster: Basteln mit den ganz Kleinen. Reinbek 1993 (rororo Nr. 9503)

## Geschwister

Dorothea Kammerer: Geschwister. Welche Konflikte zwischen ihnen bestehen und wie Eltern damit umgehen können. München 1991

Bettina Mähler: Geschwister. Krach und Harmonie im Kinderzimmer. Reinbek 1992 (rororo Nr. 9316)

Marion Rollin: Typisch Einzelkind. Das Ende eines Vorurteils. Hamburg 1990

## Ernährung

Annabel Karmel: Kochen für Babys und Kleinkinder. Über 200 gesunde, schnelle und einfache Rezepte. München 1991

Beate Seeßlen-Hurler: Bunte Nudeln und Schokoquark. Reinbek 1984 (rororo Nr. 7858)

Horst Speichert: Süße Sachen. Reinbek 1994 (rororo Nr. 9301)

## Erziehung

Remo H. Largo: Babyjahre. Die frühkindliche Erziehung aus biologischer Sicht. Das andere Erziehungsbuch. Hamburg 1993

Samy Molcho: Körpersprache der Kinder. München 1992

Hetty van de Rijt/Frans X. Plooij: Oje, ich wachse. Achtmal steht Ihr Baby kopf. Von den acht «Sprüngen» in seiner mentalen Entwicklung während der ersten 14 Monate und wie Eltern damit umgehen können. München 1994

Jan-Uwe Rogge: Kinder brauchen Grenzen. Reinbek 1993 (rororo Nr. 9366)

Jan-Uwe Rogge: Eltern setzen Grenzen. Reinbek 1995 (rororo Nr. 9756)

Christine Schilte/Francoise Auzouy: Das Wunder der ersten Jahre. Ihr Kind von 0 bis 3 Jahre. Ravensburg 1992

## Krankheit

Wolfgang Goebel/Michaela Glöckler: Kindersprechstunde. Ein medizinisch-pädagogischer Ratgeber. Stuttgart 1984 (anthroposophisch)

Anna Hofmann, Emma Jocham und Sabine Stengel-Rutkowski: Kinder mit Down-Syndrom. Geschrieben von einer Elterngruppe. Stuttgart 1993

Walter Köster: Kranke Kinder homöopathisch heilen. Erfahrungen und Rezepte eines praktischen Arztes. Reinbek 1996 (rororo Nr. 60151)

Heinrich Lang: Wenn Kinder krank sind. Tips und Ratschläge vom Kinderarzt. Zürich/Wiesbaden 1989

Petra Lange: Hausmittel für Kinder. Reinbek 1989 (rororo Nr. 8384)

Thomas Seiler: Erste Hilfe bei Säuglingen und Kindern. Stuttgart 1989

Hermann Michael Stellmann: Kinderkrankheiten natürlich behandeln. München 1983, (7) 1989

Werner Stumpf: So hilft Homöopathie bei Kinderkrankheiten. München 1989

## Eltern-Sein

Jay Belky/John Kelly: Was ist mit uns passiert? Wie das erste Kind die Beziehung verändert. München 1993

Cheryl Benard/Edit Schlaffer: Sagt uns, wo die Väter sind. Von der Arbeitssucht und Fahnenflucht des zweiten Elternteils. Reinbek 1991 (rororo Nr. 9589)

Hermann Bullinger: Wenn Paare Eltern werden. Die Beziehung zwischen Frau und Mann nach der Geburt ihres Kindes. Reinbek 1986 (rororo Nr. 8096)

Dorothea Dieckmann: Unter Müttern. Eine Schmähschrift. Berlin 1993 (Rowohlt Berlin)

Lars H. Gustaffson: Wir Väter. Was Männer an ihren Kindern haben und Kinder von ihren Vätern brauchen. Stuttgart 1993

Helga Häsing/Gunhild Gutschmidt: Handbuch Alleinerziehen. Reinbek 1992 (rororo Nr. 8896)

Petra Otto: Die Lust neu entdecken. Sexualität in der Schwangerschaft und nach der Geburt. Reinbek 1996 (rororo Nr. 60150)

Regine Schneider: Oh, Baby... Das hatte ich mir ganz anders vorgestellt. Erfahrungen von Frauen beim ersten Kind. München 1991